BERNHARD SAUER

„Nie wird das Deutsche Volk seinen Führer im Stiche lassen“

Zeitgeschichtliche Forschungen

Band 46

„Nie wird das Deutsche Volk seinen Führer im Stiche lassen“

Abituraufsätze im Dritten Reich

Von

Bernhard Sauer

Duncker & Humblot · Berlin

Bibliografische Information der Deutschen Nationalbibliothek

Die Deutsche Nationalbibliothek verzeichnet diese Publikation in der Deutschen Nationalbibliografie; detaillierte bibliografische Daten sind im Internet über http://dnb.d-nb.de abrufbar.

Umschlagbild: Schüler und Lehrer einer Tempelhofer Schule holen auf dem Schulhof die Hakenkreuzfahne ein, März 1939 (© ullstein bild – Süddeutsche Zeitung Photo / Scherl)

Fremddatenübernahme: Konrad Triltsch GmbH, Ochsenfurt
Druck: Berliner Buchdruckerei Union GmbH, Berlin
Printed in Germany

ISSN 1438-2326
ISBN 978-3-428-13942-2 (Print)
ISBN 978-3-428-53942-0 (E-Book)
ISBN 978-3-428-83942-1 (Print & E-Book)

Gedruckt auf alterungsbeständigem (säurefreiem) Papier entsprechend ISO 9706 ♾

Internet: http://www.duncker-humblot.de

Für Aloha

Vorwort

In den meisten Schulen befinden sich in den Kellern auch noch Unterlagen aus der Zeit des Dritten Reiches. Dies sind neben den Festreden und Jahresberichten vor allem die Abituraufsätze aus jener Zeit. Diese „Archive“ sind wahre Fundgruben, die Aufschluss über die Schulen im Dritten Reich geben. Anhand dieser Quellen lässt sich ersehen, wie die Politik der NSDAP an der Schule umgesetzt wurde, wie viele Lehrer beispielsweise der NSDAP, dem NS-Lehrerbund angehörten, wie viele Schüler jüdischer Herkunft waren, wann und wie sie von der Schule „entfernt“ wurden. Die Abituraufsätze selber sind stark politisiert. Alle wesentlichen Themen des Nationalsozialismus werden in ihnen angesprochen. Sie geben somit nicht nur Einblicke in den Schulalltag, sondern auch Auskunft über die allgemeinen Ziele des Nationalsozialismus. Doch leider sind diese Quellen teilweise in einem schlechten Zustand und es stellt sich die Frage, ob es nicht sinnvoll wäre, dieses wertvolle Quellenmaterial an die zuständigen Landesarchive zu überführen.

Vor einigen Jahren hatte ich Gelegenheit, in verschiedenen Gymnasien des Bezirks Berlin-Steglitz Einblick in diese „Archive“ zu nehmen. Es waren dies das Gymnasium Steglitz, das Paulsen-Gymnasium, das Tannenberg-Gymnasium (ab 1990 Willi-Graf-Gymnasium) und die Fichtenberg-Oberschule. Für die Bereitschaft der jeweiligen Schulleitungen möchte ich mich an dieser Stelle noch einmal ausdrücklich bedanken. Interessant war, dass die Abituraufsätze (soweit vorhanden) keine signifikanten Unterschiede hinsichtlich ihrer inhaltlichen Ausrichtung aufwiesen. Allenfalls gab es Unterschiede in Nuancen. Es war jedoch nicht meine Absicht, die Schulen im Nationalsozialismus zu vergleichen, der Frage nachzugehen, inwieweit die Gleichschaltung tatsächlich an den verschiedenen Schulen durchgesetzt wurde, oder ob es Spielräume gab und wenn ja, wie diese genutzt wurden. Für solch einen Vergleich wären auch Schulen aus anderen Bezirken in Berlin, wie beispielsweise Wedding oder Friedrichshain, oder anderen Gegenden Deutschlands, wie Rheinland-Pfalz oder Bayern, aussagekräftiger. Es wäre sicherlich interessant, wenn weitere konkrete Untersuchungen folgen würden, die mögliche Unterschiede zwischen den Schulen herausarbeiteten.

Meine Absicht war es vielmehr, am Beispiel einer Schule die Politik des Nationalsozialismus aufzuzeigen, anhand der Abituraufsätze die Erziehungsziele im Dritten Reich darzustellen und zu beleuchten, wie diese vermittelt und welche Erfolge mit ihnen erzielt wurden. Von Bedeutung war dabei, dass möglichst viele Aufsätze von verschiedenen Jahrgängen zur Verfügung standen. Ich habe mich für die Unterlagen aus dem Gymnasium Steglitz entschieden, weil dort die Abituraufsätze am vollständigsten und am besten erhalten geblieben sind.

Bedanken möchte ich mich beim Verlag für die gute und unkomplizierte Zusammenarbeit, ferner bei Frank Flechtmann, Dr. Rolf Hensel, Uwe Kressin, Annemarie Neumann, Dr. Ingeborg Siggelkow, die mich bei der Arbeit in der einen oder anderen Weise unterstützt haben.

Berlin, im August 2012 *Bernhard Sauer*

Inhaltsverzeichnis

Verzeichnis der Abkürzungen

a. M.	am Main
Anm.	Anmerkung
Art.	Artikel
Bd.	Band
DAP	Deutsche Arbeiterpartei
ders.	derselbe
DNVP	Deutschnationale Volkspartei
Dr.	Doktor
DVSTB	Deutschvölkischer Schutz- und Trutzbund
ebd.	ebenda
f.	folgende
ff.	fortfolgende
gez.	gezeichnet
H.-G. Werke	Hermann Göring-Werke
Hg.	Herausgeber
HJ	Hitlerjugend
hrsg.	herausgegeben
I.-G.	Interessen-Gemeinschaft
Jg.	Jahrgang
KP	Kommunistische Partei
KPD	Kommunistische Partei Deutschlands
KZ	Konzentrationslager
Nr.	Nummer
NS	Nationalsozialismus
NSDAP	Nationalsozialistische Deutsche Arbeiterpartei
OHL	Oberste Heeresleitung
RSHA	Reichssicherheitshauptamt
S.	Seite
SA	Sturmabteilung
SD	Sicherheitsdienst
SPD	Sozialdemokratische Partei Deutschlands
SS	Schutzstaffel
UdSSR	Union der Sozialistischen Sowjetrepubliken
Vf.	Verfasser
vgl.	vergleiche
v. J.	vorigen Jahres
z. B.	zum Beispiel
zbV	zur besonderen Verwendung
ZfG	Zeitschrift für Geschichtswissenschaft
zit.	zitiert

I. Einleitung

Abituraufsätze im Dritten Reich geben in besonders anschaulicher Weise wieder, was damals gedacht wurde oder gedacht werden sollte. Sie sind ein Spiegelbild der Gesellschaft; die Erziehungsziele in der Schule waren Teil der Ziele im Dritten Reich. In den Aufsätzen spiegelt sich die gesamte Politik des Dritten Reiches wider. Somit sind die Aufsätze authentische Dokumente der Geschichte und des Alltags des Dritten Reiches – freilich aus der Sicht der Beteiligten. Deshalb wird es auch notwendig sein, dem in den Schulen vermittelten Propagandabild die Wirklichkeit gegenüberzustellen.

Die Abituraufsätze stammen aus dem Gymnasium Steglitz (auch Heese-Gymnasium genannt). In der heutigen Homepage heißt es: „Das Gymnasium Steglitz ist eine traditionsreiche Schule mit einem besonderen pädagogischen Anspruch. Die alten Sprachen Griechisch und Latein prägen seit mehr als einhundert Jahren das Profil und den besonderen Charakter dieser Schule (…).“[1] Das Heese-Gymnasium wurde 1886 als altsprachliches, humanistisches Gymnasium gegründet.

Das Heese-Gymnasium liegt in Berlin-Steglitz, im Südwesten von Berlin. Steglitz, heute bezirklich verbunden mit Zehlendorf, war in der Weimarer Republik ein ausgesprochen bürgerlicher Bezirk. Doch war die soziale Zusammensetzung im Bezirk selber recht unterschiedlich. Während in den Villenvierteln Lichterfelde und Lankwitz viele höhere Beamte und zahlreiche Offiziere wohnten, waren im Steglitzer Bezirkskern um die Albrecht- und Schloßstraße mehr die unteren bürgerlichen Schichten ansässig. Ähnliches gilt für Südende. Auch hier lebten zur Zeit der Weimarer Republik zu einem großen Teil die kleinen und mittleren Angestellten und Beamten sowie Kaufleute und Selbständige.

Steglitz war ein konservativ geprägter Bezirk. Die Deutschnationale Volkspartei (DNVP) war stark vertreten und die NSDAP erzielte hier stets ihre besten Ergebnisse in Berlin.

---

[1] Zit. nach: *Peter Noll*, Schulen im Nationalsozialismus. Ein Überblick über die Gymnasien in Berlin Steglitz-Zehlendorf, Berlin 2007, S. 19.

NSDAP-Stimmen in %

			März	Juli	Nov.
	1928	1930	1932	1932	1932
Steglitz	2,9	23,3	35,2	42,1	36,1
Berlin	1,6	14,6	23,0	28,6	26,0[2]

Dabei zeigte sich die NSDAP „flexibel". Während sie in den Arbeitervierteln mit Klassenkampfparolen wie „Der Zusammenbruch des bürgerlichen Klassenstaates", „Hitler oder Lenin" auf Stimmenfang ging, wurde im bürgerlichen Südwesten, hier, wo viele Menschen noch der Monarchie und der Großmachtrolle Deutschlands nachtrauerten, ein Mann präsentiert, der an die „gute, alte Zeit" erinnerte: Prinz August-Wilhelm von Preußen, der Sohn des letzten deutschen Kaisers. Als Vertreter des Deutschen Kaiserhauses wurde er von den Nationalsozialisten bewusst als Stimmenfänger bei konservativ geprägten Bevölkerungsschichten eingesetzt. Prinz August-Wilhelm von Preußen war zuständig in „Sachen Seriosität". Er sprach Bevölkerungsgruppen an, die dem Nationalsozialismus zunächst ablehnend gegenüberstanden, und machte sie glauben, „daß Hitler eben keine Bedrohung, sondern ein Wohltäter für das deutsche Volk und Reich sei".[3]

Diese konservative Grundhaltung spiegelte sich auch in den Schulen wider. Als die Ehrhardt-Brigade im März 1920 in Berlin einmarschierte und damit den Kapp-Putsch auslöste, wurden in zahlreichen Schulen in den Bezirken des Südwestens und Westens die alten Gipsbüsten der Kaiserzeit aus den Kellern geholt und wieder aufgestellt.[4] Zahlreiche Bildungseinrichtungen standen der Weimarer Republik ablehnend gegenüber. So auch das Heese-Gymnasium. In einer Selbstdarstellung hieß es: „Wer schon damals (1920) seinen Sohn dieser Schule anvertraute, der tat es, weil er überzeugt war, dort herrscht immer noch altpreußische Zucht und Ordnung; dort gelten in einer führerlosen und darum richtungslosen Zeit nach wie vor vaterländische und völkische Hochziele."[5]

Vor allem die Erinnerungen des Ersten Weltkrieges wurden wach gehalten. Von 1931 bis 1945 war Dr. Fritz Sommer Direktor der Schule. Am 20. März 1936 fand mit der feierlichen Entlassung der Abiturienten die 50-Jahr-Feier des Gymnasiums Steglitz statt. In der Festrede ging der Direktor auf die 50-jährige Geschichte der Schule ein. Zu der Kriegsbegeisterung während des Ersten Weltkrieges führte er aus: „Mit stürmischem Eifer drängten sich wie allenthalben die älteren Schüler zum Heeresdienst. Es ist für uns Lehrer die höchste und beglückendste Erfahrung, diese

[2] Die Angaben aus: *Hans-Rainer Sandvoß*, Widerstand in Steglitz und Zehlendorf, Berlin 1985, S. 8.

[3] *Lothar Machtan*, Der Kaisersohn bei Hitler, Hamburg 2006, S. 259.

[4] Vgl. *Bernd Kruppa*, Rechtsradikalismus in Berlin 1918–1928, Berlin/New York 1988, S. 127.

[5] Jugendwalter Rektor *Hübner*, 1936; zit. nach: *Paul Nolte*, 1936–50 Jahre Gymnasium Steglitz, in: Steglitz im Dritten Reich, Berlin 1992, S. 249.

Kraft reiner und edler Vaterlandsliebe, diesen Schwung feuriger Begeisterung bei unserer Jugend erlebt zu haben."[6] Deshalb seien auch eindrucksvolle Gedächtnisfeiern für diejenigen abgehalten worden, „die den höchsten Einsatz für das Vaterland gewagt hatten": die zahlreichen Opfer des Krieges aus den Reihen der Schulgemeinde. An diesen Feiern sei „das Gedenken an den Heldentod" der Gefallenen wachgehalten und „die heldische Größe des Opfertodes" hervorgehoben worden. Auch in der Weimarer Zeit sei die „nationale Tradition" an der Schule gepflegt worden. „An vaterländischen Gedenktagen haben wir, soweit das in damaliger Zeit nur irgend angängig war, die Begeisterung unserer Jungen für die Großtaten unseres deutschen Volkes wach gehalten (...)."[7]

„In starkem Gegensatz", so fuhr Sommer fort, „zu diesen erhebenden Feiern, der weihevollen vaterländischen Stimmung und dem in jenen Tagen oft bekundeten Willen, das Vaterland wieder hochzureißen aus der tiefen Schmach, in die es gestürzt, stand ein Erlaß der damaligen Regierung, der die Verherrlichung des Krieges in jeder Form verbot. Diese Äußerung eines verlogenen Pazifismus leitete die Zeit des Niedergangs ein (...)."[8] Doch die „Sirenenrufe der marxistischen Weltverbesserer" drangen nur von ferne an das Ohr der Schüler. „In ihrer Geradheit und Treue wandten sie sich in tiefster Empörung mit ihren Lehrern gegen den Aufruf des sozialdemokratischen Kultusministers Haenisch vom 27. November 1918, der noch heute jedem ehrlichen Erzieher die Schamröte ins Gesicht und die Wut in die Faust treibt. Da war in maßlos entstellender Art von dem System der Unfreiheit, das in den deutschen höheren Schulen herrschte und unter dem die Jugend erkranken und verkrüppeln müßte, zu lesen, von dem Ungeist der toten Unterordnung, des Mißtrauens und der Lüge und anderen bitteren Anklagen, die ebenso hart wie unbegründet waren. Daneben standen die lockendsten Prophezeiungen von einer neuen Welt der Freiheit, in der unsere deutschen Jungen gesunden und das gesamte deutsche Volk zu einem Leben irdischer Seligkeit emporgeführt werden sollte. Diesem widerlichen Machwerk marxistischen Größenwahns stand so deutlich der Stempel der Lüge an der Stirn, daß wenigstens die Nationalgesinnten, das heißt unsere Jugend in ihrem instinktsicheren Gefühl, davon weit abrückte". „Niemals waren wir geknechtet (...)", hätten die Schüler erklärt und die in diesem Erlass vorgesehene Bildung eines Schülerrats und anderer demokratischer Einrichtungen abgelehnt.[9] Dieselbe „mannhafte Haltung" zeigten nach Sommer Lehrer und Schüler gegenüber einem anderen Erlass, der die „kulturhistorische Belehrung der Jugend über die Errungenschaften dieser Revolution" forderte, „die doch nichts anderes als ein feiger Heimatputsch war (...)."[10]

---

[6] *Dr. Fritz Sommer*, Geschichte des Gymnasiums 1911/1936, in: Festschrift zur Feier des 50jährigen Bestehens des Gymnasiums zu Berlin-Steglitz 1886/1936, S. 27.

[7] Ebd., S. 64.

[8] Ebd, S. 43.

[9] Ebd., S. 37 f.

[10] Ebd., S. 38.

Schließlich kam der Direktor auf jene „beispiellose Tat“ zu sprechen, von der seiner Ansicht nach „ohne Anmaßung“ festgestellt werden kann, „daß an unserer Schule zum ersten Male (...) in aller Öffentlichkeit dem Marxismus die Stirn geboten wurde.“ Im Einzelnen führte er aus: „Ebenso bezeichnend für den Geist unserer Schule, der mit kämpferischer Entschlossenheit von Anfang an gegen marxistische Wahnideen Front machte, war folgender Vorfall aus dem Beginn des Jahres 1919. Der Schüler der Oberprima Liebknecht, des Kommunistenführers älterer Sohn, war seit Monaten der Schule ferngeblieben, um als junger Revolutionär mitzuhelfen bei der tiefsten Demütigung seines Vaterlandes. Damit hatte er sich nach der Meinung seiner Kameraden selbst aus ihrer Gemeinschaft, die völlig anders dachte und fühlte, ausgeschaltet. Auch der Schulleiter war keineswegs gewillt, einen derart belasteten Schüler in seine Anstalt wieder aufzunehmen. Der Befehl des Ministers zwang ihn jedoch dazu. Da griffen unsere braven Jungen zur Selbsthilfe und blieben im Einverständnis mit ihren Eltern dem Unterricht fern, sie streikten.“ Die „braven Jungen“ seien erst wieder zum Unterricht zurückgekehrt, als Liebknecht nach bestandener Reifeprüfung die Schule verlassen habe.[11]

Zusammenfassend betonte der Schulleiter: „Die Schuljugend war es, die, wenn sie recht geleitet wurde, Deutschlands Weltgeltung vor dem großen Kriege mit besonders hohem Stolze erfüllte; sie erlebte Deutschlands Ringen mit einer Welt von Feinden mit wahrem Sinn für heldische Größe, sie bäumt sich auf mit ihrem unverfälschten Gefühl für Wahrheit und Gerechtigkeit gegen marxistische Irrlehren, und sie war es auch, die mit den ersten jubelnd zu Adolf Hitlers Fahnen eilte.“[12]

Die Ausführungen enden mit der Feststellung: „Als am 30. Januar 1933 der greise Feldmarschall von Hindenburg dem jugendlichen nationalsozialistischen Führer Adolf Hitler die Hand zum Bunde reichte, war Deutschland erwacht und geeint. Das war der Tag, an dem wir an unserer Schule die ruhmbedeckte Fahne schwarz-weiß-rot aus ihrem Versteck hervorholten, um sie in brüderlicher Gemeinschaft mit dem Symbol der nationalsozialistischen Bewegung, dem Hakenkreuzbanner, stolz zu zeigen. (...)

Wir ehrten die Toten und Wegbereiter nationalsozialistischen Freiheitskampfes wie die Helden des Weltkrieges, wir erneuerten mit Deutschem Gruß und feierlicher Flaggenhissung immer wieder unseren Schwur der Treue zu Führer und Vaterland. Hitlerjugend und Jungvolk wetteiferten miteinander in der Betätigung ihrer Liebe zum Führer dieser stolzen völkischen Erneuerung (...). Heute ist die deutsche Volksgemeinschaft, für die Adolf Hitler mit seinen Getreuen gekämpft, gelitten und geblutet hat, zum Ereignis geworden. (...) Das Deutsche Reich ist unter dem Hakenkreuzbanner (...) wieder auf dem Wege zu neuer Macht und Größe. (...) Gott gebe allen Gliedern dieser Schule die Kraft, mitzuhelfen an der Erreichung des hohen

[11] Ebd., S. 36.

[12] Ebd., S. 11.

Zieles unseres großen Führers und, wenn es sein muss, auch zu sterben für ein einiges, starkes, in der ganzen Welt geachtetes deutsches Vaterland!"[13]

Die Ausführungen zeigen, dass die Schule konservativ ausgerichtet war, doch war am 30. Januar 1933 weder der Schuldirektor Dr. Fritz Sommer noch ein Lehrer am Gymnasium Steglitz Mitglied der NSDAP.[14] Bis zu dem Jubiläum 1936 war ein Lehrer der NSDAP beigetreten, nur vier Lehrer dem NS-Lehrerbund. „Das zeigt eine zumindest nach außen hin beachtliche Distanz zum Nationalsozialismus."[15]

Inwieweit dennoch der von Sommer vorgetragene „Geist der Schule" sich in den Dienst der neuen Zeit stellte, ist eine Frage, die in dieser Arbeit näher untersucht werden soll. Aufschlüsse können die Abituraufsätze geben.

Die folgenden 16 Aufsätze aus den Jahren 1934 bis 1942 sind ein Querschnitt der in dieser Schule erhaltenen Abiturarbeiten. Inwieweit sie typisch auch für andere Schulen sind, kann hier nicht untersucht werden. Es wäre natürlich wünschenswert, wenn weitere Untersuchungen folgen würden. Die Aufsätze werden dokumentiert ohne die vorangestellten Gliederungen. Die Kommentierungen der Lehrer werden kursiv wiedergegeben. Zwei Aufsätze sind unwesentlich gekürzt worden.

---

[13] Ebd., S. 74 ff.

[14] Vgl. *P. Nolte*, 50 Jahre Gymnasium Steglitz, S. 249.

[15] Ebd., S. 252.

II. Prüfungsaufsätze

1. Was hat Hitler für das Deutsche Volk geleistet?

Deutscher Prüfungsaufsatz, Gymnasium zu Berlin-Steglitz,
den 19. 1. 1934

Als Adolf Hitler 1919 als siebentes Mitglied in die Deutsche Arbeiterpartei aufgenommen wurde, schwankte er, ob er diesen Verein für seine Zwecke gebrauchen könnte. Und doch tat er's, und so wurde dieser kleine Verein der Ausgangspunkt einer Bewegung, wie sie Deutschland noch nicht gesehen hat. Bald aber stellte sich das Schicksal der jungen, wachsenden Bewegung entgegen. Es kam der 9. November 1923, wo durch den Verrat der Reaktion Deutsche auf Deutsche schossen.[1] Und doch hat dieser 9. November einen tiefen Sinn: Er gab uns, der revolutionären SA., die Gewißheit, der Führer konnte auch mit Gewalt vorgehen, sein Bekenntnis zur Legalität war kein Zeichen der Schwäche.[2] – *Damals war Verf. noch nicht S.A.-Mann.* – Und ohne diese Gewißheit hätte die SA. sich nicht zurückhalten lassen. Weiter ging

---

[1] Die Legende vom „Verrat" der Reaktion im November 1923 hat kein anderer als Hitler selber erfunden. Während des Hochverratsprozesses im Februar 1924 beschuldigte er Gustav von Kahr, General Otto v. Lossow und Hans v. Seißer des feigen Verrats an der ursprünglich gemeinsamen Absicht, in einem „Marsch auf Berlin" die Reichsregierung stürzen zu wollen. Die Wirklichkeit sah freilich ganz anders aus. Am 8. November 1923 fand im Bürgerbräukeller eine große Versammlung statt. Der größte Teil der führenden Politiker war anwesend. Kahr hielt gerade eine flammende Rede gegen den „Marxismus", da stürmte Hitler mit seinen Anhängern die Halle. Mitten in diesem Durcheinander sprang Hitler auf einen Stuhl, feuerte einen Schuss gegen die Decke und erklärte – nachdem er sich zum Rednerpodium durchgeschlagen hatte – die nationale Revolution für ausgebrochen. Die bayerische und die Reichsregierung seien gestürzt, die Kasernen der Reichswehr und der Landespolizei besetzt. Eine nationale provisorische Regierung sei gebildet worden. Nichts von dem war wahr. Hitler hatte lediglich sechshundert SA-Leute vor dem Bürgerbräukeller zusammengezogen. Als die Täuschung offenbar wurde, wollten Kahr und Lossow von einem gemeinsamen Marsch auf Berlin nichts mehr wissen. Für diesen „Verrat" musste Kahr schwer büßen. Gustav von Kahr wurde am 30. Juni 1934 von einem NS-Kommando in seiner Münchener Wohnung festgenommen und auf dem Weg ins Konzentrationslager Dachau von zwei SS-Männern schwer misshandelt. Der NS-Ideologe Alfred Rosenberg schrieb am 7. Juli 1934 in sein Tagebuch, dass die Verräter des 9. November 1923 nach Dachau gebracht worden seien, so dass sie nun „ehrlicher Arbeit nachgehen" könnten. So habe Kahr „sein längst verdientes Los ereilt". *Hans-Günther Seraphim* (Hg.), Das politische Tagebuch Alfred Rosenbergs. 1934/35 und 1939/40. Dokumentation. München 1964, S. 47. Auf Befehl des Kommandanten des KZ Dachau, Theodor Eicke, wurde v. Kahr im Arrestraum der Kommandantur erschossen.

[2] Hitler hatte am 25. 9. 1930 vor dem Leipziger Reichsgericht den sogenannten Legalitätseid geschworen. Er fühle sich während des Kampfes um die Macht an die Verfassung gebunden, zugleich aber hinzugefügt: Dann aber werden „Köpfe rollen".

der Kampf, langsam begann die Welt aufzuhorchen, es folgte Wahlsieg auf Wahlsieg. Doch der Führer lehnte es ab, Kompromisse einzugehen. Er wollte nur die volle Verantwortung übernehmen. Und endlich, nachdem zwei bürgerliche Kabinette gezeigt hatten, daß sie allein das Staatsschiff nicht zu lenken vermochten, überließ der greise Reichspräsident Adolf Hitler die Führung. An diesem 30. Januar ging ein Raunen durch das Volk: Jetzt wird es besser werden.

Und es wurde besser. Die Ereignisse überstürzten sich fast, auf allen Gebieten wurde Neues, Gewaltiges, Großartiges geleistet.

Vor allem in der Außenpolitik war Deutschland ein Spielball der Weltmächte gewesen. Die Silberstreifenpolitiker der letzten 14 Jahre hatten dafür gesorgt, daß man mit Deutschland machte, was man wollte. Das wurde jetzt anders. Als überall Verleumdungen auftauchten von Deutschlands kriegerischen Gelüsten, hielt Adolf Hitler am 17. Mai vor dem Reichstag seine große Friedensrede. Er sei für den Frieden, so sagte er, jedoch nur für einen Frieden der Ehre und Gleichberechtigung. Die Welt horchte auf. In Genf aber schien man sich darum nicht zu kümmern. Man glaubte ja nicht, daß Deutschland Ernst mache. Und als man mit der sooft versprochenen Abrüstung wieder nicht begann, da tat Deutschland den entscheidenden Schritt: er trat aus dem Völkerbund[3] aus. Adolf Hitler sprach das Genfer Nein. Und vergebens bemüht man sich, Deutschland wieder hineinzulocken. Denn ohne uns kann man nicht verhandeln; doch wir bleiben fest, bis unsere Ehre und Gleichberechtigung wiederhergestellt ist.

Große Umwälzungen erlebten wir auch auf dem Gebiet der Innenpolitik. Erst sprach man von einer „nationalen Revolution“, und ich entsinne mich noch, wie ich staunte, als Hermann Göring im Februar v. J. von der nationalsozialistischen Revolution redete.[4] Langsam wurde Stein auf Stein zusammengetragen zu dem Ge-

---

[3] Am 14. Oktober 1933 erklärte Hitler den Austritt Deutschlands aus dem Völkerbund und der Abrüstungskonferenz. Dies war das definitive Ende der unter Gustav Stresemann eingeleiteten Verständigungspolitik. Der Diplomat Harry Graf Kessler notierte an diesem Tag in sein Tagebuch: „In der Tat ist es das folgenschwerste europäische Ereignis seit der Ruhrbesetzung. Es kann in kurzer Zeit zur Blockade Deutschlands und vielleicht zum Krieg führen.“ *Harry Graf Kessler*, Das Tagebuch. 1880–1937, Bd. 9, Stuttgart 2004.

Hitler versuchte zwar die internationale Öffentlichkeit zu beschwichtigen, indem er versicherte, dass er für sein Land nichts anderes wolle als den ihm zustehenden gleichberechtigten Platz unter den Nationen. Tatsächlich wollte Hitler aber nur Zeit gewinnen, um die Aufrüstung zu forcieren.

[4] Bereits in „Mein Kampf“ hatte Hitler gefordert, dass die nationalsozialistische „Weltanschauung“ nicht etwa nur wie eine Partei neben anderen existieren könne. „Denn die Weltanschauung ist unduldsam und kann sich mit der Rolle einer ‚Partei neben anderen‘ nicht begnügen, sondern fordert gebieterisch ihre eigene, ausschließlich und restlose Anerkennung sowie die vollkommene Umstellung des gesamten öffentlichen Lebens nach ihren Anschauungen. Sie kann also das gleichzeitige Weiterbestehen einer Vertretung des früheren Zustandes nicht dulden.“ Und Hitler fuhr fort: „Politische Parteien sind zu Kompromissen geneigt, Weltanschauungen niemals. Politische Parteien rechnen selbst mit Gegenspielern, Weltanschauungen proklamieren ihre Unfehlbarkeit.“ *Adolf Hitler*, Mein Kampf. Zwei Bände in einem Band. Ungekürzte Ausgabe. 58. Auflage, München 1933, S. 506, 507.

bäude des totalen Staates. Nach dem 5. März[5], an dem die Operationsbasis für Adolf Hitler geschaffen wurde, säuberte man das Land von den Leuten, die man im neuen Staate, im Dritten Reich, nicht gebrauchen konnte. Gar mancher der Novemberverbrecher entzog sich durch Flucht den Händen der Justiz.[6] Den Bolschewismus, das organisierte Untermenschentum, hatte man schon nach dem Reichstagsbrand vernichtet.[7] Deutschland vor diesen Untermenschen gerettet zu haben, war das erste große Verdienst der neuen Regierung. Dann wurden die Parteien vernichtet, nicht nur der Teil, der uns offen bekämpfte, nein, auch die, in dessen Kreisen sich die versteckte Reaktion breit machte. Bald waren sie alle dahin. Nur die Bewegung, deren Führer dies alles schuf, besteht noch. Doch sie und der Staat sind eins, was sich schon darin zeigt, daß der Stellvertreter des Führers und der Stabschef der SA. zu Reichsministern ernannt wurden. Die Krönung des Gebäudes, das den totalen Staat darstellt, bildet das Reichsstatthaltergesetz vom 7. April. Es gibt keine Staaten mehr in Deutschland, die selbständig handeln können in schwerwiegenden Fragen, nein, überall wird einheitlich gearbeitet nach dem Willen des Führers. Ja, Adolf Hitler selbst übernahm die Reichsstatthalterschaft für die Preußen. Und mit diesem Gesetze vollendete er das Werk Bismarcks, schuf er den Staat, der jenem vorschwebte. Die

[5] Am 5. März 1933 fanden Reichstagswahlen statt, das Ergebnis wurde von den Nationalsozialisten als grandioser Sieg gefeiert. Sie erreichten 43,9 Prozent. Zuvor, am 28. Februar, erließ Hindenburg die ihm von Hitler vorgelegte Notverordnung zum Schutz von Volk und Staat, die zur Abwehr kommunistischer staatsgefährdender Gewaltakte die wichtigsten Grundrechte der Weimarer Verfassung außer Kraft setzte. Trotz massiven Terrors erreichten SPD und KPD immer noch zusammen mehr als 30 Prozent.

[6] Als „Novemberverbrecher" bezeichnete Hitler all diejenigen, die für die Beendigung eines in ihren Augen mörderischen und sinnlosen Ersten Weltkrieges eingetreten waren sowie diejenigen, die als Vertreter der Weimarer Republik sich für eine Verständigung mit den ehemaligen Kriegsgegnern einsetzten. Dazu Hitler in „Mein Kampf": „Meine persönliche Einstellung war von Anfang an fest: Ich haßte das ganze Pack dieser elenden, volksbetrügerischen Parteilumpen auf das äußerste. Ich war mir längst darüber im klaren, daß es sich bei diesem Gelichter wahrlich nicht um das Wohl der Nation handelte, sondern um die Füllung leerer Taschen. Und daß sie jetzt selbst bereit waren, dafür das ganze Volk zu opfern und wenn nötig Deutschland zugrunde gehen zu lassen, machte sie in meinen Augen reif für den Strick." (*A. Hitler*, Mein Kampf, S. 219). Und weiter: „Wer all die Opfer überdenkt, die durch den sträflichen Leichtsinn dieser Verantwortungslosesten der Nation aufgebürdet wurden, (...) und weiß, daß dieses alles nur kam, um einem Haufen gewissenloser Streber und Stellenjäger die Bahn zu Ministerstühlen freizumachen, der wird verstehen, daß man diese Kreaturen wirklich nur mit Worten wie Schuft, Schurke, Lump und Verbrecher bezeichnen kann, sonst wären der Sinn und Zweck des Vorhandenseins dieser Ausdrücke im Sprachgebrauch ja unverständlich. Denn diesen Verrätern an der Nation gegenüber ist jeder Zuhälter noch ein Ehrenmann." (Ebd., S. 302). Zugleich kündigte Hitler an, „daß einst ein deutscher Nationalgerichtshof etliche Zehntausend der organisierenden und damit verantwortlichen Verbrecher des Novemberverrats und alles dessen, was dazugehört, abzuurteilen und hinzurichten hat." (Ebd., S. 611).

[7] Noch in der Brandnacht ordnete Hermann Göring in seiner Funktion als kommissarischer preußischer Innenminister das Verbot der kommunistischen Presse an. Die Parteibüros wurden geschlossen und zahlreiche Funktionäre der Partei in „Schutzhaft" genommen. Allein in Berlin wurden 1.500 Mitglieder der KPD inhaftiert und bis Mitte Mai 1933 wurden allein in Preußen über 100.000 politische Gegner, die Mehrzahl Kommunisten, verhaftet und in provisorische Konzentrationslager gebracht.

Macht zu solchem Handeln bekam er vom Reichstag, der sich nach seiner glorreichen Eröffnung am Grabe Friedrichs des Einzigen durch die Annahme des Ermächtigungsgesetzes selbst ausschaltete.[8] Was an die Stelle eines phrasendreschenden, verantwortungslosen Schwätzerkomitees, denn etwas anderes waren Reichs- und Landtag nicht[9], trat, zeigt uns der Preußische Staatsrat, den Preußens Ministerpräsident Hermann Göring am 15. September einberief. Hier tagt ein verantwortungsbewußtes Gremium, um in geheimer Sitzung die Führer zu unterstützen. Auch werden seine Mitglieder nicht gewählt, sondern vom Ministerpräsidenten ernannt.[10]

Das Problem, an dem alle früheren Kabinette scheiterten, war das der „Wirtschaftsankurbelung". Daß auch Adolf Hitler von der Wichtigkeit dieser Frage überzeugt ist, zeigt bereits sein erster Aufruf, in dem er Kampf gegen die Arbeitslosigkeit und Hebung des Bauernstandes als Zeitsätze seiner Politik hinstellte. Und es gelang ihm, die Arbeitslosenziffer in kurzer Zeit zu senken. Ein gigantisches Arbeitsbeschaffungsprogramm wurde ausgearbeitet, der Arbeitsdienst durchorganisiert, der Bau der Autobahnen in Angriff genommen, kurzum eine gewaltige Arbeitsschlacht ist im Gange.[11] Doch erst mußte dem Arbeiter das Gefühl wiedergegeben werden, daß er nicht außerhalb des Volkes steht, sondern sein wichtigster Bestandteil ist. Das geschah am 1. Mai, den einst marxistische Führer gewählt hatten,

---

[8] Mit dem Ermächtigungsgesetz vom 24. März 1933 – demagogisch „Gesetz zur Behebung der Not von Volk und Reich" genannt – wurde Hitlers Regierung ermächtigt, dass Reichsgesetze „außer in dem in der Reichsverfassung vorgesehenen Verfahren auch durch die Reichsregierung beschlossen werden" können. (Art. 1), die zudem von der Reichsverfassung abweichen können (Art. 2).

[9] Hitler nannte ebenfalls in „Mein Kampf" die Parlamente „Schwätzervereinigungen". Die Parlamentarier bezeichnete er durchgehend allesamt als „Hohlköpfe", „Strauchdiebe", „Lumpen", „Tagediebe", „Dummköpfe", „Taugenichtse", „Parlamentswanzen", „parlamentarische Ratten", als ein „Büttel blöder Nichtskönner und Schwätzer". *A. Hitler*, Mein Kampf, S. 88 sowie vor allem S. 113, 125, 294.

[10] Bereits in „Mein Kampf" hatte Hitler gefordert, der völkische Staat hat „die gesamte, besonders aber die oberste, also die politische Leitung restlos vom parlamentarischen Prinzip der Majoritäts-, also Massenbestimmung zu befreien, um an Stelle dessen das Recht der Person einwandfrei sicherzustellen". (Ebd., S. 500.) Der völkische Staat soll keine Vertretungskörper mehr haben, die etwas durch Majorität beschließen, sondern nur Beratungskörper, die dem jeweiligen Führer zur Seite stehen. Die Entscheidung – so Hitler – „trifft allein ein Mann. Der Grundsatz, der das preußische Heer seinerzeit zum wundervollsten Instrument des deutschen Volkes machte, hat im übertragenen Sinne dereinst der Grundsatz des Aufbaues unserer ganzen Staatsauffassung zu sein: Autorität jedes Führers nach unten und Verantwortlichkeit nach oben". (Ebd., S. 501.). Zugleich betonte Hitler ausdrücklich, „immer wird der Führer von oben eingesetzt und gleichzeitig mit unbeschränkter Vollmacht und Autorität begleitet". (Ebd., S. 378).

[11] Das nationalsozialistische Regime hatte 1933 die gigantische Summe von fünf Milliarden Reichsmark für Arbeitsbeschaffungsmaßnahmen und soziale Maßnahmen bereitgestellt. „Straßen des Führers" hießen die Autobahnen, die u. a. mit Hilfe dieser Maßnahmen gebaut wurden. Aber auch sozialpolitische Maßnahmen wie die steuerfreien Nacht- und Sonntagszuschläge, die Krankenversicherung für Rentner sowie die Vergabe von Ehestandsdarlehen waren vorgesehen. Diese Ausgaben waren nicht durch Steuereinnahmen gedeckt. Der Staat hoffte, mit künftiger Kriegsbeute seine Schulden begleichen zu können.

um die Verführung des Arbeiters zu feiern. Doch jetzt ist der Arbeiter zurückgekehrt in die große Familie seines Volkes.[12]

Doch noch ein anderer Stand war in den letzten 14 Jahren bewußt vernachlässigt worden, das war der der Bauern. Tränen konnten einem in die Augen treten, wenn man täglich von der Zwangsversteigerung alter Höfe las. – *Übertrieben !* – Auch das änderte der Führer. Durch Kontingentierung ausländischer Fette konnte die eigene Landwirtschaft wieder hochkommen. Auch dem Bauern nahm man das Gefühl der Verlassenheit: am 1. Oktober feierte ganz Deutschland das Fest des Erntedanks, das Fest des Bauern.

Auch das Ehestandsdarlehen gehört in diese Reihe. Denn durch eine größere Kinderzahl wird auch der Wirtschaft geholfen, so daß das ausgeworfene Darlehen vielfältig Frucht bringt.

Doch viel zu tun gab es auch auf kulturellem Gebiet. Der ganze Schmutz vergangener Jahre mußte fortgefegt werden; die Literatur des Klassenkampfes und knechtischen Pazifismus' mußte durch Bücher ersetzt werden, in denen man den Leuten die Idee der Volksgemeinschaft einhämmerte. Vor der Oper entzündete man das Feuer, das die Schriften eines Karl Marx und eines Erich Maria Remarque verschlang.[13] Auch Theater und Film gestaltete man im Sinne unserer Bewegung um. Ich denke da besonders an den „Hitlerjungen Quex", der den Kampf der Jugend um eine Idee wie kein zweiter wiedergibt, kennzeichnet.[14] Die Presse, das gewaltige Machtmittel, wurde ebenso wie der Rundfunk umgebaut. Mit diesen beiden wird dem Volke ebenfalls die Gedankenwelt des Nationalsozialismus vertraut gemacht.

---

[12] Hitler nannte dies die „Nationalisierung der Massen". Dabei dürften keine Kosten gescheut werden. Zugleich betonte er: „Die Nationalisierung unserer Masse wird nur gelingen, wenn bei allem positiven Kampf um die Seele unseres Volkes ihre internationalen Vergifter ausgerottet (!) werden." (*A. Hitler*, Mein Kampf, S. 372).

[13] Erich Maria Remarque (1898 – 1970) wurde im Ersten Weltkrieg eingezogen und kam im Juni 1917 als Soldat an die Westfront, wo er durch mehrere Granatsplitter an Arm und Bein sowie einem Halsschuss verwundet wurde. Geprägt von seinen Kriegserlebnissen entwickelte er eine pazifistisch-antimilitaristische Grundhaltung. Sein bekanntestes Werk „Im Westen nichts Neues" handelt dann auch neben den eigenen Erfahrungen vor allem von den erschütternden Erzählungen verwundeter Soldaten, die er im Lazarett kennengelernt hat. Das Werk, 1931 für den Friedensnobelpreis vorgeschlagen, wurde auch verfilmt. Als der Anti-Kriegsfilm am 4. Dezember 1930 im Lichtspieltheater „Mozartsaal" im Berliner Westen uraufgeführt werden sollte, besetzte ein „Rollkommando" ausgesuchter Parteigenossen und SA-Schläger unter Führung von Joseph Goebbels das Theater und verwandelte es – wie Goebbels höhnisch schrieb – in ein „Tollhaus". Unter den Rufen „Juden raus" wurden jüdische Kinobesucher oder solche, die man dafür hielt, geohrfeigt, Stinkbomben von der Galerie geworfen, im Parkett weiße Mäuse losgelassen. Nach der Ernennung Hitlers zum Reichskanzler wurde das Werk endgültig verboten. Bei der Bücherverbrennung 1933 wurden die Bücher Remarques mit dem Feuerspruch: „Gegen literarischen Verrat am Soldaten des Weltkrieges, für Erziehung des Volkes im Geist der Wahrhaftigkeit" verbrannt.

[14] Hitlerjunge Quex war einer der ersten NS-Propagandafilme. Er handelt davon, wie Heini Völker zur Hitler-Jugend kommt und schließlich während einer Wahlkampagne von den Kommunisten ermordet wird.

Der Staat sorgt auch für reinrassigen Nachwuchs. Er verhindert durch Sterilisation an Geist und Körper Kranke an der Zeugung.[15] Denn wir wollen in unserem Staat keine verkommenen Kinder von Trinkern und Syphilitikern mehr haben. Und gerade aus diesem Grunde fördert der Staat auch das Bauerntum, denn der Bauer war von jeher ein Urbild der Kraft, eine Quelle der Gesundheit. Ein rassisch hochstehendes neues Deutschland wird auch wieder lebenskräftig sein, und der Bevölkerungsschwund der letzten 30 Jahre wird behoben; andernfalls wäre Deutschland nebst allen anderen west- und nordeuropäischen Ländern zum Untergang verurteilt. Zum Zwecke der Vergrößerung der Geburtenziffer dient ja auch das Ehestandsdarlehen.

Die Stellung des Staates zur Kirche hat sich ebenfalls geändert; denn der Nationalsozialismus steht auf dem Boden des positiven Christentums. Mit der katholischen Kirche schloß Vizekanzler v. Papen auf die Weisung Hitlers das Konkordat, das den Geistlichen jede politische Tätigkeit verbot. Und der evangelischen Kirche half der Staat zur Einigung, zur Schaffung der Deutschen Evangelischen Reichskirche.

So können wir, nachdem wir ein segensreiches Wirkungsjahr Adolf Hitlers noch einmal an uns vorüberziehen ließen, wohl sagen, es war eine Revolution größten Stils, die wir miterlebten, ein radikaler Umsturz des Alten und ein wurzelhafter Aufbau des Neuen. Dies war auch die erste Revolution, die unblutig verlief, was ihre Größe noch steigert. Es ist eine Umwälzung der Jugend, die glaubte, ein Sieg des Glaubens, gewesen. Und alles dies schuf ein Mann aus dem Volke, ein einfacher Gefreiter des Weltkrieges, Adolf Hitler. Um ihn scharten sich gläubige Deutsche aller Stände, aller Berufe, aller Klassen, denn er predigte Volksgemeinschaft. Und wer, wie ich, Gelegenheit hatte, dem Führer ins Auge zu schauen, der ist sich der Wahrheit bewußt, die aus den Worten Stefan Georges strömt: Wer je die Flamme umschritt, bleibe der Flammen Trabant.

*

Klar im Aufbau, reichen Inhalts, gewandt im Stil: Klassenleistung: gut.

Sehr gut.

gez. Studienrat Sch.

Das Thema ist nicht immer im Auge behalten, der Aufsatz artet seitenweise in eine Aufzählung der Regierungsmaßnahmen des letzten Jahres aus, während die Per-

[15] Behinderte Menschen wurden zunächst zwangsweise sterilisiert. Allein von 1934–1936 wurden 167.723 Erbkranke sterilisiert, schwere Alkoholiker und „Asoziale“. Vgl. *Eberhard Aleff*, Mobilmachung, in: Eberhard Aleff, Das Dritte Reich, Hannover 1970, S. 112. Insgesamt wurden bis zu 400.000 Menschen zwangssterilisiert, wobei über 6.000 Menschen zu Tode kamen. Später wurden Behinderte massenweise ermordet. Dies wurde als „Vernichtung lebensunwerten Lebens“ bezeichnet. Die Ermordung der Behinderten diente den SS-Einsatzkommandos als Experimentierfeld für die späteren Massenmorde an den Juden. Allein im damaligen Reichsgebiet wurden bei den verschiedenen „Euthanasie“-Aktionen fast 190.000 geistig und körperlich behinderte Menschen umgebracht – durch Vergasen, Vergiften, Erschießen oder Verhungernlassen.

sönlichkeit Hitlers und ihre Leistung zu kurz kommt. Die logischen Verbindungen sind sehr ungeschickt; an zahlreichen *Stellen geht die Korrektur über schlimme Anstöße schweigend hinweg. Die Tatsache, daß viele große Redensarten, die man ja aber jetzt überall hört, gebraucht werden, täuscht nicht darüber hinweg, daß die Arbeit ohne eigenen Schwung ist.*

Mehr wie „genügend" verdient sie nicht.

Führerprinzip fehlt.

gez. G.

Die vorstehende, von meinem Urteil stark abweichende Zensierung veranlaßt mich, die Note „sehr gut" näher zu begründen:

Gliederung und Aufbau des Aufsatzes sind sehr gut. Die Ausführungen beweisen, daß Verf. die Ereignisse mit erstaunlicher Genauigkeit verfolgt hat und sie geschickt in den Rahmen des vom Unterricht in keiner Weise vorbereiteten oder vor der Prüfung angedeuteten Themas zu spannen wußte. Die Behandlung der Aufgabe ist rein referierend und geht, wie das von einem jugendlichen S.A.-Mann kaum anders erwartet werden kann, mehr vom Gemeinschaftsstandpunkt aus als von dem des unbeteiligten und selbständig-objektiven Kritikers. Deshalb meidet sie auch die Sprechweise der Agitation nicht immer. Die Darstellung ist aber recht gewandt und von großem inneren Schwung getragen: in jeder Zeile spürt man freudig erlebte Geschichte.

Trotzdem wird das Thema immer streng im Auge behalten. Daß die Persönlichkeit Hitlers im Hintergrunde bleibt und das Führerprinzip als Mittel zum Zweck schweigend übergangen ist, kann unmöglich als Fehler ausgelegt werden: beides gehört der Themenstellung nach nicht in den Aufsatz. Andererseits sind alle „seitenlang" aufgezählten „Regierungsmaßnahmen" als Maßnahmen Hitlers zu werten – Führerprinzip!

Wo logische Beziehungen nicht bestehen, da kann auch der Verfasser keine herstellen. Die „zahlreichen schlimmen Verstöße" sind mir auch bei der nochmaligen Durchsicht des Aufsatzes entgangen.

Nach alledem bleibe ich bei der Beurteilung:

Sehr gut.

gez. Studienrat Sch.

***

In der in dem Aufsatz erwähnten „großen Friedensrede" vom 17. Mai 1933 hatte Hitler ausgeführt: „Die deutsche Regierung wünscht, sich über alle schwierigen Fragen politischer und wirtschaftlicher Natur mit den anderen Nationen friedlich und vertraglich auseinanderzusetzen. Sie weiß, daß jeder militärische Akt in Europa auch im Falle seines vollständigen Gelingens, gemessen an seinen Opfern, in keinem

Verhältnis steht zum möglichen endgültigen Gewinn."[16] In Wirklichkeit hatten die anfänglichen Friedensbeteuerungen Hitlers nur taktischen Sinn, ja sie waren – wie Hitler später selber zugab – selber ein Mittel der Kriegsvorbereitung. In einer Rede vor der deutschen Presse am 10. November 1938, dem Abend nach dem Judenprogrom, äußerte sich Hitler dazu offen: „Die Umstände haben mich gezwungen, jahrzehntelang fast nur vom Frieden zu reden. Nur unter der fortgesetzten Betonung des deutschen Friedenswillens und der Friedensabsichten war es mir möglich, dem deutschen Volk Stück für Stück die Freiheit zu erringen und ihm die Rüstung zu geben, die immer wieder für den nächsten Schritt als Voraussetzung notwendig war. (...) Der Zwang war die Ursache, warum ich jahrelang nur vom Frieden redete. Es war nunmehr notwendig, das deutsche Volk psychologisch allmählich umzustellen und ihm langsam klar zu machen, daß es Dinge gibt, die, wenn sie nicht mit friedlichen Mitteln durchgesetzt werden können, mit Mitteln der Gewalt durchgesetzt werden müssen. Dazu war es aber notwendig, nicht etwa nur die Gewalt als solche zu propagieren, sondern es war notwendig, dem deutschen Volk bestimmte außenpolitische Vorgänge so zu beleuchten, daß die innere Stimme des Volkes selbst langsam nach der Gewalt zu schreien begann (...). Meine Herren, es war früher mein größter Stolz, eine Partei mir aufgebaut zu haben, die auch in den Zeiten der Rückschläge stur und fanatisch hinter mir stand, gerade dann fanatisch hinter mit stand. Das war mein größter Stolz und bedeutete für mich eine ungeheure Beruhigung. Dazu müssen wir das ganze deutsche Volk bringen. Es muß lernen, so fanatisch an den Endsieg zu glauben (...)."[17]

Die Politik der Nationalsozialisten war von Anbeginn an auf die Vorbereitung eines Krieges ausgerichtet. „Hitler bedeutet Krieg", sagte die Opposition in der Weimarer Republik. Dies war keine Polemik, sondern bittere Realität.

Hitler behauptete von sich, dass er schon als Junge kein Pazifist gewesen sei.[18] In „Mein Kampf" schrieb er über seine Jugendjahre: „Von nun an schwärmte ich mehr und mehr für alles, was irgendwie mit Krieg oder doch mit Soldatentum zusammenhing."[19] Der Krieg blieb das zentrale Thema im Leben des Adolf Hitler. Sein Buch „Mein Kampf" handelt fast ausschließlich vom Krieg, von den Fehlern und Versäumnissen, die nach Meinung Hitlers im Ersten Weltkrieg begangen wurden und den Konsequenzen und Lehren, die daraus für den zukünftigen Krieg zu ziehen sind.

Deutschlands „Wiederaufstieg" – oder wie Hitler sich auch ausdrückte: „Deutschlands „Wiederauferstehung" oder „Wiedergeburt"[20] – sei nur im Kampfe zu bewerkstelligen. In „Mein Kampf" heißt es dann auch: „Daß aber diese Welt dereinst

---

[16] Zit. nach: *Günter Schönbrunn*, Weltkriege und Revolutionen 1914–1945, Geschichte in Quellen, Bd. V, München 1961, S. 349 f.

[17] Zit. nach: *Hildegard von Kotze / Helmut Krausnick* (Hg.), Es spricht der Führer, Gütersloh 1966, S. 269, 270, 282.

[18] Vgl. *A. Hitler*, Mein Kampf, S. 173.

[19] Ebd., S. 4.

[20] Vgl. ebd., S. 403 und 123.

noch schwersten Kämpfen um das Dasein der Menschheit ausgesetzt sein wird, kann niemand bezweifeln. Am Ende siegt ewig nur die Sucht der Selbsterhaltung. Unter ihr schmilzt die sogenannte Humanität als Ausdruck einer Mischung von Dummheit, Feigheit und eingebildetem Besserwissen, wie Schnee in der Märzsonne. Im ewigen Kampfe ist die Menschheit groß geworden – im ewigen Frieden geht sie zugrunde".[21] Unmissverständlich fuhr er fort: „Heute werde ich nur von der nüchternen Erkenntnis geleitet, daß man verlorene Gebiete nicht durch die Zungenfertigkeit geschliffener parlamentarischer Mäuler zurückgewinnt, sondern durch ein geschliffenes Schwert zu erobern hat, also durch einen blutigen Kampf."[22] Darauf gelte es das deutsche Volk hin zu erziehen. Bereits 1928 schrieb Hitler: „An sich hat die nationalsozialistische Bewegung das deutsche Volk dahin zu erziehen, daß es für die Gestaltung seines Lebens den Bluteinsatz nicht scheut."[23] Die Abituraufsätze sind Zeugnisse dieser Erziehungsarbeit. Hitler erklärte aber auch, wofür all diese Kämpfe geführt werden sollen: „Deutschland wird entweder Weltmacht oder überhaupt nicht sein."[24]

Die Beseitigung des Parlaments und die Ausschaltung jedweder Opposition waren die Voraussetzungen für die Verwirklichung dieser weitgesteckten Ziele. Hitler nannte das Parlament die „verantwortungsloseste Einrichtung aller Zeit".[25] Unmöglich könne solch einer Einrichtung die „Aufgabe der Vorbereitung eines kommenden Waffenganges" anvertraut werden.[26]

Sie war in den Augen Hitlers mitschuldig am verlorenen Krieg: „Denn daß Deutschland gestürzt wurde, ist nicht zum kleinsten Teile dieser Einrichtung zu verdanken; daß aber die Katastrophe nicht schon früher eintrat, kann nicht als Verdienst des Reichstages gelten, sondern ist dem Widerstande zuzuschreiben, der sich der Tätigkeit dieses Totengräbers der deutschen Nation und des Deutschen Reiches in den Friedensjahren noch entgegenstemmte."[27]

Die parlamentarische Demokratie bezeichnete Hitler als jüdische Einrichtung. Ziel des Juden sei „der Sieg der Demokratie oder, wie er es versteht: die Herrschaft des Parlamentarismus. Sie entspricht am meisten seinen Bedürfnissen; schaltet sie doch die Persönlichkeit aus – und setzt an ihre Stelle die Majorität der Dummheit, Unfähigkeit und nicht zum letzten aber der Feigheit".[28] Zur Maskierung seines Treibens – so Hitler weiter – „und zur Einschläferung seiner Opfer redet er immer mehr von der Gleichheit aller Menschen, ohne Rücksicht auf Rasse und Farbe. Die

---

[21] Ebd., S. 148 f.

[22] Ebd., S. 710.

[23] *Adolf Hitler*, Zweites Buch 1928, zit. nach: *H. v. Kotze / H. Krausnick*, Es spricht der Führer, S. 16.

[24] *A. Hitler*, Mein Kampf, S. 742.

[25] Ebd., S. 297.

[26] Ebd., S. 690.

[27] Ebd., S. 296 f.

[28] Ebd., S. 347.

Dummen beginnen es ihm zu glauben".[29] „Diese Einrichtung", so betonte Hitler, „kann nur den allerverlogensten und zugleich besonders das Tageslicht scheuenden Schliefern lieb und wert sein, während sie jedem ehrlichen, gradlinigen, zur persönlichen Verantwortung bereiten Kerl verhaßt sein muß. Daher ist diese Art von Demokratie auch das Instrument derjenigen Rasse geworden, die ihren inneren Zielen nach die Sonne zu scheuen hat, jetzt und in allen Zeiten der Zukunft. Nur der Jude kann eine Einrichtung preisen, die schmutzig und unwahr ist wie er selber."[30]

Unmissverständlich stellte Hitler klar, dass es Ziel der nationalsozialistischen Bewegung nur sein könne, diese Einrichtung „zu zertrümmern". „Damit ist die Bewegung aber antiparlamentarisch, und selbst ihre Beteiligung an einer parlamentarischen Institution kann nur den Sinn einer Tätigkeit zu deren Zertrümmerung besitzen, zur Beseitigung einer Einrichtung, in der wir eine der schwersten Verfallserscheinungen der Menschheit zu erblicken haben."[31]

Mit der Zertrümmerung des Parlaments wurde dann auch gleich nach Hitlers Ernennung zum Reichskanzler begonnen. Das Ermächtigungsgesetz und die Reichstagsbrandverordnung bildeten die gesetzlichen Grundlagen. Begleitet waren diese Maßnahmen von einem wüsten Terror. Der Hass richtete sich insbesondere gegen die marxistischen Organisationen, wobei unter „marxistisch" SPD und KPD gleichermaßen verstanden wurden sowie alle anderen linken und antimilitaristischen Organisationen. Hitler hatte bereits in „Mein Kampf" dargelegt, dass es ein schwerer Fehler von Kaiser Wilhelm II. gewesen sei, sich mit den marxistischen Organisationen, deren Führer in den Augen Hitlers allesamt Juden waren, zu verständigen. „Kaiser Wilhelm II. hatte als erster deutscher Kaiser den Führern des Marxismus die Hand zur Versöhnung gereicht, ohne zu ahnen, daß Schurken keine Ehre besitzen. Während sie die kaiserliche Hand noch in der ihren hielten, suchte die andere schon nach dem Dolche. Mit den Juden gibt es kein Paktieren, sondern nur das harte Entweder-Oder."[32]

Nach Meinung Hitlers hätte der Kaiser im August 1914 die Gunst der Stunde nutzen müssen, als „das Gemauschel der internationalen Solidarität mit einem Schlage aus den Köpfen der deutschen Arbeiterschaft verschwunden" war, um „die Verhetzer dieses Volkssturms unbarmherzig auszurotten".[33] Dieses „Ungeziefer" – so Hitler wörtlich – hätte vertilgt werden müssen. „Statt dessen aber streckte Seine Majestät der Kaiser selber den alten Verbrechern die Hand entgegen und gab den hinterlistigen Meuchelmördern der Nation damit Schonung und Möglichkeit der inneren Fassung. Nun konnte also die Schlange wieder weiterarbeiten, vorsichtiger

[29] Ebd., S. 346.

[30] Ebd., S. 99.

[31] Ebd., S. 379.

[32] Ebd., S. 225.

[33] Ebd., S. 185.

als früher, allein nur desto gefährlicher. Während die Ehrlichen vom Burgfrieden träumten, organisierten die meineidigen Verbrecher die Revolution."[34]

Was Kaiser Wilhelm II. in den Augen Hitlers versäumt hatte, wurde 1933 nachgeholt. Das Regime ging mit einem beispiellosen Terror gegen Oppositionelle vor. Man säuberte „das Land von den Leuten, die man im neuen Staate, im Dritten Reich, nicht gebrauchen konnte", heißt es in dem Aufsatz. Dies waren in erster Linie Intellektuelle, Juden, Pazifisten, Gewerkschaftler, Kommunisten und Sozialdemokraten. Schätzungen gehen von einer Gesamtzahl von über 100.000 Inhaftierten aus.[35] Neben der polizeilichen „Schutzhaft" im Rahmen der staatlich organisierten Gegnerbekämpfung gab es die „wilden" Verhaftungen von SA und SS. In zahlreichen SA-Einrichtungen und eigens eingerichteten Konzentrationslagern wurden Folterstätten hergestellt, in die wahllos politische Gegner, Juden, aber oft auch nur Bürger, mit denen die SA Leute „alte Rechnungen" mehr oder minder privater Natur begleichen wollten, gebracht wurden. Allein für Berlin wird eine Zahl von über 150 solcher Folterstätten der SA angenommen.[36] Dort nahmen die Folterungen solche Ausmaße an, dass selbst Rudolf Diels als Chef der preußischen politischen Polizei sich veranlasst sah, gegen einige der schlimmsten SA-Folterstätten vorzugehen. Mit einer Polizeimannschaft konnte er eine dieser Marterhöhlen betreten. „Die Opfer, die wir vorfanden, waren dem Hungertode nahe. Sie waren tagelang stehend in enge Schränke gesperrt worden, um ihre ‚Geständnisse' zu erpressen. Die ‚Vernehmungen' hatten mit Prügeln begonnen und geendet; dabei hatte ein Dutzend Kerle in Abständen von Stunden mit Eisenstäben, Gummiknüppeln und Peitschen auf die Opfer eingedroschen. Eingeschlagene Zähne und gebrochene Knochen legten von den Torturen Zeugnis ab. Als wir eintraten, lagen diese lebenden Skelette reihenweise mit eiternden Wunden auf dem faulenden Stroh. Es gab keinen, dessen Körper nicht vom Kopf bis zu den Füßen die blauen, gelben und grünen Male der unmenschlichen Prügel an sich trug. Bei vielen waren die Augen zugeschwollen, und unter den Nasenlöchern klebten Krusten geronnenen Blutes. Es gab kein Stöhnen und Klagen mehr; nur starres Warten auf das Ende oder auf neue Prügel. Jeder einzelne mußte auf die bereitgestellten Einsatzwagen getragen werden; sie waren des Gehens nicht mehr fähig. Wie große Lehmklumpen, komische Puppen mit toten Augen und wackelnden Köpfen, hingen sie wie aneinandergeklebt auf den Bänken der Polizeiwagen. Die Schutzpolizisten hatte der Anblick dieser Hölle stumm gemacht."[37]

Der Terror der Nationalsozialisten richtete sich nicht nur gegen die Linksopposition. Auch die anderen Parteien wurden alsbald verboten. „Bald waren sie alle dahin", heißt es lapidar in dem Aufsatz. Joseph Goebbels kommentierte diesen

[34] Ebd., S. 186.

[35] Vgl. *Peter Longerich*, Die braunen Bataillone. Geschichte der SA, München 1989, S. 172.

[36] Vgl. *Martin Schuster*, Die SA in der nationalsozialistischen Machtergreifung in Berlin und Brandenburg 1926–1934, Berlin 2005, S. 236.

[37] *Rudolf Diels*, Lucifer ante portas, … es spricht der erste Chef der Gestapo …, Stuttgart 1950, S. 254 f.

Vorgang mit den zynischen Worten: „Wir Nationalsozialisten haben (...) niemals behauptet, daß wir Vertreter eines demokratischen Standpunktes seien, sondern wir haben offen erklärt, daß wir uns demokratischer Mittel nur bedienen, um die Macht zu gewinnen, und daß wir nach der Machteroberung unseren Gegnern alle die Mittel versagen würden, die man uns in Zeiten der Opposition zugebilligt hatte."[38]

2. Wie gedenke ich den Satz: Gemeinnutz geht vor Eigennutz in meinem Leben zu verwirklichen?

Deutscher Prüfungsaufsatz, Gymnasium zu Berlin-Steglitz,
den 19. 1. 1934

1933! Nationale Erhebung! Neues Reich! Welche Flut, welche Unmenge von Eindrücken, Erlebnissen, Gedanken stürzt sich auf mich! Ich denke an den Fackelzug des 30. Januar, der wie ein leuchtendes Symbol, aus der Nacht zum Licht!, das Neue Reich beginnen läßt, ich denke an die Weihestunde der Jäger von Potsdam, ich denke an den Tag der Arbeit: ich durfte Deutsche Geschichte erleben, und ich durfte mehr erleben: ich sah die begeisterte Erhebung eines Millionen-Volkes zu Licht und Sonne, zu neuer Macht und Herrlichkeit. Das Dritte Reich war entstanden.

Jeder Staatsbürger jedes Staates hat die Pflicht, seinem Volke zu dienen, seinen Staat in jeder Beziehung zu fördern, um wieviel mehr habe ich als Deutscher diese Pflicht, und ebenso alle deutschen Volksgenossen! Im neuen Reiche ist es nicht nur Pflicht, es ist pflichtmäßige Lebensaufgabe in allerhöchster Potenz, alle seine Kräfte in den Dienst der Allgemeinheit zu stellen. Es ist nicht möglich, den Führern unseres Volkes, die die Erhebung so glorreich geleistet haben, jemals unsere Schuld abzutragen; aber wir können wenigstens einen geringen Teil zum endgültigen Gelingen des Aufbaues von Volk und Staat beitragen, indem wir uns mit Gut und Blut in den Dienst des erwachten Deutschland stellen.

Die erste und wichtigste Pflicht, die der Staat von mir verlangt, ist der Gehorsam. Und zwar muß der Gehorsam freudig, pünktlich sein; jede ungenaue Erfüllung von Pflicht schadet dem Staate und mir. Stete Dienstbereitschaft zu allen Dingen ist meine Pflicht als Staatsbürger. Ebenso muß ich alle Pflichten als Staatsbürger treulich erfüllen, wie ich ja auch alle Rechte eines solchen in Anspruch nehme; „ohne Pflichten keine Rechte". Wie oft vielleicht wird mir auch irgendeine Pflichterfüllung schwer werden, besonders, wenn sie mit Unannehmlichkeiten verbunden ist. Hier muß ich mich als wahrer Staatsbürger zeigen: Freudiges Ertragen auch dieser Widrigkeiten ist Pflicht.

---

[38] *Joseph Goebbels,* Wesen und Gestalt des Nationalsozialismus. Berlin 1934, S. 13.

Pflichten und Ehrgeiz sind es, die der Staat neben dem Gehorsam von mir verlangt. „Eifer in der Pflichterfüllung“, „Streben nach Ehre“ sind in der Tat die Grundpfeiler jeder staatsbürgerlichen Auffassung, sind für den Aufbau des Staates, der sich doch aus den Bürgern zusammensetzt, von allerhöchster, grundlegender Wichtigkeit. Ein Mensch ohne Pflichteifer wird seine Pflicht, auch gegen den Staat und sein Volk, stets vernachlässigen, wird immer für sich da sein und nur sein eigenes Ich befriedigen. Als wahrer Deutscher aber muß ich bereit sein, mit allen meinen Kräften und geistigen Anlagen für das Wohl meines Vaterlandes zu arbeiten. Erst, wenn alle Volksgenossen zusammen, aber jeder in seinem Schweiß, für den Staat tätig sind, kann man von Volksgemeinschaft sprechen; ein Mitglied, tätiges Mitglied dieser Gemeinschaft zu werden, muß mein höchster Wunsch sein.

Egoist allerdings darf kein wahrer Deutscher sein; er kann es auch nicht sein, wenn er stets im Interesse von Volk und Staat wirkt. Ausschaltung und völlige Indienststellung der eigenen Person ist daher das Hauptziel der Erziehung zum modernen Dienen seines Volkes. Ich und jeder andere Volksgenosse, wir alle müssen darauf bedacht sein, zuerst immer für den Staat da zu sein, dann erst an uns zu denken. Das soll natürlich nicht heißen, daß wir uns vernachlässigen sollen; im Gegenteil, wir müssen auch auf unser Wohl bedacht sein, und damit wir um so besser dem Staat dienen können. Männlichkeit und Wahrhaftigkeit sind im Neuen Reiche die unbedingten Forderungen an jeden Deutschen, restloses Sich-Einsetzen ist unbedingte Pflicht. Auch auf unser Leben dürfen wir keinerlei Rücksicht nehmen; so lange Menschen denken, war es höchstes Glück eines jeden, für sein Vaterland freudig zu sterben, denn er wußte, daß er nur ein Glied im Ganzen ist, daß es besser ist, ein Glied kommt um, als daß das Ganze zugrunde geht.

Aber nicht nur in Kriegszeiten ist es nötig, daß ich mich für mein Volk voll und ganz einsetze; auch im Frieden drohen dem Staat mancherlei Gefahren von innen. Es wird ja immer unzufriedene Menschen geben, die mit nichts sich abfinden wollen und überall zerstörenden Einfluß ausüben. In der Bekehrung oder Bekämpfung dieser Volksteile muß sich jeder wahre Staatsbürger vom Gedanken an das Ziel des Staates leiten lassen; freudige Bejahung des Staatsgedankens ist selbstverständliche Pflicht für mich und für jeden anderen Deutschen. Wie könnte ein Staat bestehen, dessen Ziele von seinen Bürgern verfolgt oder nicht verstanden werden. Im Neuen Deutschland gibt es nur einen Staatsgedanken: „Deutschland muß wieder zu Macht und Ehre kommen!“; diesen Gedanken muß auch der letzte Volksgenosse erfaßt haben, und daher ist es nicht nur meine Pflicht, diesen Gedanken selbst zu begreifen, sondern ich muß auch für ihn gewissermaßen werben, werben bei denen, die ihn noch nicht verstanden haben oder verstehen wollen. Die Gefahr inneren Umtriebs ist die schwerste, die dem Staate drohen kann; meine Pflicht ist es, mitzuhelfen, daß der Bestand des Reiches in seiner jetzigen Gestalt unbedingt gewahrt bleibt.

„Bedenke, daß du ein Deutscher bist!“, hatte der Große Kurfürst gesagt. Wir können getrost sagen: „Sei stolz, daß du ein Deutscher bist!“. Aber wir müssen diesen Stolz nicht nur untereinander zeigen, nein, vor allem müssen wir im Ausland uns immer voller Stolz bewußt sein, daß wir aus dem Neuen Reiche kommen. Wir müssen unserem Vaterland Ehre machen, in jeder Hinsicht, denn nur so können wir es würdig vertreten.

Viele Tausende von jungen Menschen sind die Hoffnung des Staates. Kann es eine höhere Aufgabe als die der heutigen Jugend geben, den Bestand des Reiches zu sichern und es vor allen Angriffen zu schützen? Kann es aber auch einen Staat geben, der mit mehr Hoffnung in die Zukunft blicken kann? Ja, wir jungen Deutschen haben Grund, stolz zu sein auf unsere Aufgabe. Doch ist diese Aufgabe, Sicherung des Reiches, nicht leicht; durch unser Leben müssen wir, muß auch ich beweisen, daß „Gemeinnutz vor Eigennutz geht". Wenn wir immer nur auf das Wohl des Staates und Volkes bedacht sind, stets unsere Pflichten erfüllen, dann kann das Vaterland, das eben erst aus der Nacht zum Licht geführt wurde, nie untergehen, trotz Geburtenrückgang und sonstigen Bedrohungen, denn: „Wo ein Wille ist, da ist auch ein Weg". Und so will auch ich, wie jeder andere gute Deutsche, für mein Vaterland einstehen mit Hab und Gut, mit Blut und Leben.

*

Eine umsichtige, gut gegliederte und in gewandteste Form gekleidete Arbeit, die leider insofern theoretisch bleibt, als sie nur von Vorsätzen redet, ohne Anwendungsbeispiele für die eigene Zukunft zu geben. Außerdem wiederholen sich einzelne Gedankengänge.

Das Thema ist eigenwillig umgebogen.

Immerhin ist die Leistung

Genügend. (3 +)

gez. Sch.

***

Der Aufsatz wurde im Januar 1934 geschrieben, also nur ein Jahr nach der „Machtergreifung" der Nazis, und schon ist vom Sterben die Rede. „Auch auf unser Leben", so heißt es da in dem Aufsatz, „dürfen wir keinerlei Rücksicht nehmen; so lange Menschen denken, war es höchstes Glück eines jeden, für sein Vaterland freudig zu sterben (...)." Wir alle müssen „darauf bedacht sein, zuerst immer für den Staat da zu sein (...)". „Ausschaltung und völlige Indienststellung der eigenen Person ist daher das Hauptziel der Erziehung zum modernen Dienen seines Volkes." Gehorsam sei die erste und wichtigste Pflicht. Es wurde auch gesagt, wofür der Einsatz gut sein soll. „Deutschland muß wieder zu Macht und Ehre kommen!" Die Ausführungen zeigen aber auch, dass von Anbeginn die Bevölkerung – hier die Schuljugend – psychologisch auf den kommenden Krieg vorbereitet wurde.

Aber nicht nur in Kriegszeiten drohen dem Vaterland Gefahren, wird betont. Auch „im Frieden drohen dem Staat mancherlei Gefahren von innen. Es wird ja immer unzufriedene Menschen geben, die mit nichts sich abfinden wollen und überall zerstörenden Einfluß ausüben". „Die Gefahr inneren Umtriebs ist die schwerste, die dem Staate drohen kann (...)." Nach der „spontanen" Inhaftierung von etwa 100.000

Menschen gleich nach der Ernennung Hitlers zum Reichskanzler, vor allem durch die SA, folgten weitere Verhaftungen: Nach Berliner Gestapo-Akten wurden 1935 in der Reichshauptstadt 1.559 Links-Oppositionelle verhaftet; 1936 wurden im ganzen Reich 11.687 Personen wegen illegaler sozialistischer Betätigung festgenommen; im Jahre 1937 waren es 8.058. Ebenfalls laut Gestapo-Akten wurden 1941 weitere 11.405, im ersten Halbjahr 1944 nochmals 9.553 Kommunisten und Sozialdemokraten eingekerkert.[39] Laut Gestapo sollen aus politischen Gründen im April 1939 162.734 „Schutzhäftlinge" eingesessen haben. Bis Kriegsbeginn gab es insgesamt 350.000 bis 500.000 „Schutzhäftlinge", von denen viele von der Gestapo für kürzere oder längere Zeit in die seit 1934 von der SS betriebenen Konzentrationslager eingewiesen wurden.[40] Bis Oktober 1941 erreichten die Gestapoverhaftungen im Reich mit über 15.000 Personen monatlich das Zehnfache der Zahlen von 1935/36.[41] 270.000 bis 300.000 Deutsche waren zudem bis Kriegsbeginn geflohen.[42]

Es war keineswegs so – wie dies manchmal behauptet wird –, dass „ein ganzes Volk" hinter Hitler gestanden habe. Millionen Deutsche haben unter dem Terrorregime der Nationalsozialisten gelitten. Es waren deutsche Kommunisten, deutsche Sozialdemokraten, deutsche Intellektuelle, die zu Hunderttausenden verfolgt wurden. Es gab auch nicht „die Deutschen" und „die Juden", sondern es waren deutsche Juden, die verfolgt wurden (neben denen aus den besetzten Ländern).

Die Nationalsozialisten haben bei den letzten freien Wahlen am 6. November 1932 gerade 33,1 Prozent der Stimmen erhalten. Zweifelsohne haben nach 1933 sich zahlreiche Deutsche von den anfänglichen „Erfolgen" des Regimes blenden lassen, und es gab die Opportunisten, die um der persönlichen Vorteile Willen sich mit dem Regime arrangierten. Die Propagandabilder des Regimes suggerierten, dass „alle" Deutschen Hitler unterstützt hätten. Später wurde diese Behauptung vor allem von denjenigen zur Entlastung benutzt, die selber (oder deren Angehörige) im Dritten Reich in irgendeiner Form „mitgemacht" haben. Tatsache ist aber auch, dass Millionen Deutsche das Regime nur widerwillig ertragen haben in der Hoffnung, dass der „braune Spuk" bald wieder vorbei ist.

---

39 Vgl. *Heinz Dieter Schmid*, Fragen an die Geschichte. Geschichtliches Arbeitsbuch für Sekundarstufe I. Band 4, S. 73.

40 Vgl. *Walter Tormin*, Die Machtergreifung, in: Eberhard Aleff, Das Dritte Reich, Hannover 1970, S. 75. „Schutzhäftlinge" wurden von der politischen Polizei nach deren Ermessen wegen eines vermuteten Verhaltens für unbefristete Zeit ohne irgendwelche Rechte festgesetzt.

41 Vgl. *Karl Dietrich Bracher*, Die Deutsche Diktatur, Köln 1969, S. 454.

42 Vgl. *E. Aleff*, Mobilmachung, in: E. Aleff, Das Dritte Reich, S. 90.

3. Immer und notwendig siegt der Begeisterte über den, der nicht begeistert ist. (Fichte, Reden an die Deutsche Nation)

Deutscher Prüfungsaufsatz, Gymnasium zu Berlin-Steglitz, den 19. 1. 1934

Stets gab es Menschen, die die beengenden Fesseln der irdischen Wirklichkeit in kühnem Gedankenflug abstreiften. Sie erstrebten das moralisch Gute und ethisch Hohe, das Ideal, in den Sphären einer Welt, in die die meisten ihrer Zeitgenossen von allein nicht einzudringen vermochten. Sobald sich aber mit dem Streben eines Idealisten die Begeisterung verbindet, was so gut wie immer der Fall ist, oder aber der Fanatismus, so ist ein einziger Geist imstande, sein Volk, ja sogar eine Welt mit sich fortzureißen und seinem Ideal zum Siege zu verhelfen. Es besteht also ein enges Band zwischen dem überirdischen Idealismus und seinen irdischen Vasallen, der Begeisterung und dem Fanatismus, andererseits aber klafft auch ein grundlegender Unterschied, denn einmal ist der Sieg der Begeisterung, ein anderer aber der des Fanatismus; ferner ist der Weg, auf dem sie ihrem Ziele zustreben, bei der Begeisterung sittlich und rechtmäßig; der des Fanatismus jedoch hat mehr Schatten- als Lichtseiten, so daß man einen dauernden Sieg deshalb anzweifeln muß. – *Die ganze Einleitung ist unklar.* –

Idealismus und Begeisterung sind aufs engste durch ein natürliches Band verbunden. Der Idealist verfolgt ein hohes, sittliches Ziel. Ist dieses Emporstreben in der Begeisterung verkörpert, so ist das natürliche Band geknüpft. Denn das hohe Ziel wird nicht getrübt oder verdunkelt durch Materialismus oder ein anderes unsittliches Streben, da die Begeisterung moralisch und ethisch fest unterbaut ist.

Jedoch verbindet sich auch Idealismus und Fanatismus, allerdings zu höchst gegensätzlicher Vereinigung.

Zwar verfolgt der Fanatiker (...) oft ein sittlich untadliges Ziel, schießt aber, beseelt von übersteigerter Begeisterung, über das Ziel hinaus, ja er vernichtet es sogar. Denn welches ethische Ideal läßt sich durch fanatisch unsittliche Taten erreichen! Der Idealismus ist doch ein reines, gehegtes und gepflegtes Wesen, das man nicht mit einer häßlichen Fülle unsauberer Unsittlichkeit umgeben darf.

Der Begeisterte wird nie schmutzig handeln, nie eine unsittliche Tat begehen, um seinem Ideal zum Siege zu verhelfen. Würde er doch durch derartigen Widerspruch sein hohes Ideal, dem er Leben einhauchen will, von Grund auf zerstören!

Der Fanatiker handelt nach dem Motto: „Der Zweck heiligt die Mittel". Er fragt nicht danach, ob er durch sein Handeln das so heiß, so fanatisch erstrebte Ziel besudelt und in Strömen roten Blutes ertränkt.

Trotzdem führen beide, Fanatismus wie Begeisterung, zum Sieg. Das heißt, auch hier tut sich ein abgrundtiefer Unterschied auf. Daß allein Begeisterung den wahren

Sieg davon tragen kann, sowohl auf geistig ideellem als auch auf politisch realem Gebiet, zeigt durch anschauliche Beweise die Geschichte.

Die Reformation, die größte geistige Bewegung, die je die Welt ergriff, schuf ein Augustiner-Mönch, der in lohender Begeisterung für die Wahrheit gegen das Lügensystem unsittlicher Päpste stritt, das die ganze Welt umspannt hielt. Hier zeigt sich klar und deutlich, daß ein Geist, von Begeisterung erfüllt, ein Volk mitreißen kann und seiner Welt erfolgreich die Stirn zu bieten vermag.

Ein von „heiligem“ Fanatismus beseelter hoher spanischer Offizier rief die vielleicht blutigste Einrichtung hervor, die die Welt je gesehen hat. Jahrhundertelanges Blutvergießen durch die Inquisition hat es dahin gebracht, dem fanatisierten, „heiligen“ Idealismus zum „Siege“ zu verhelfen.

Beide Beispiele zeigen durch ihren Erfolg, welcher Weg der rechte war und stets bleiben wird. – *Trotzdem ist der Sieg des Jesuitenordens von Dauer!* – Brauchte doch der Jesuitenorden Jahrhunderte, bis er durch ans Ungeheuerliche grenzende Brutalität allmählich wieder alte Lande dem päpstlichen Throne zuführen konnte. Jahrzehnte dagegen genügten, um der begeisterten Lehre des deutschen Reformators das halbe europäische Kulturgebiet zu gewinnen.

Fürwahr, schärfer kann wohl kaum ein Gegensatz hervortreten.

Begeisterte Duldung trägt den Sieg davon über fanatische Brutalität und Unterdrückung.

Die Geschichte bietet aber auch Beispiele für den Sieg der Begeisterung auf politischem Gebiet.

Politische, nationale Begeisterung riß ein Volk so hoch, daß es in drei Kriegsjahren, zunächst mit nur einem Verbündeten, sodann als beseelende Kraft seines großen Bundes von 1813/15 einen französischen Imperator von der schwindelnden Höhe seiner Macht herabzustürzen vermochte.

Noch ein Mann steht wie Luther als Markstein in der Geschichte: Bismarck. Seine Begeisterung für deutsche Einigkeit ruhte und rastete nicht, bis sie ein deutsches Reich und ein deutsches Kaisertum geschaffen und somit die Sehnsucht eines Jahrhunderts erfüllt hatte.

Neben Bismarck reckt sich nun gigantisch das Haupt der Nationalsozialistischen Bewegung, Adolf Hitler, empor. Wahrhaftig, sah die Welt je Begeisterung im Kampf der braunen Bataillone, hat sie sich greifbar verkörpert, eine glänzende Hülle angelegt.

Nationalsozialistische Begeisterung versetzte dem schamlosen Fanatismus sozialdemokratischer Intrigen mit ihrer unblutigen Überzeugungsrevolution am 30. Januar 1933 einen Schlag ins Gesicht.

Wie schmachvoll war dagegen die Revolution des Jahres 1918! Fanatisierte „Verfechter der Volksfreiheit“ nutzten die schwer bedrängte Lage eines tapferen

Volkes schändlich aus und wälzten ihm das furchtbare Joch einer Internationalen auf den Rücken. – *Gehört nicht zur Sache.* –

Noch bei weitem mehr fällt der Fanatismus der kommunistischen Idee ab. Die größten Schurkereien brachten dem Kommunismus den russischen Thron. Mit fanatischer, keine Mittel scheuender Gemeinheit wollte die Kommune auch deutsches Gebiet verseuchen.

Doch auch hier trug begeisterte Duldung und sittliche Abwehr des Nationalsozialismus den völligen Sieg davon.

Sieht man vollends die Korruption in Rußland an und betrachtet statt dessen das wunderbare Emporblühen aller Triebe des Dritten Reiches, so kann auch hier kein Zweifel bestehen, wer den wahren Sieg davongetragen hat: Begeisterung oder Fanatismus.

Es schafft also die Begeisterung und Charaktere. Sie schuf die aus geistiger Bevormundung erlösende Reformation, sie schuf ein freies Deutschland; sie ließ Charaktere erstehen wie Luther, Bismarck und Hitler.

Fanatismus dagegen vernichtet das sittliche Gepräge eines Menschen und macht unfrei. Er zeugte die sittliche Verkommenheit des Kommunismus und die knechtische Einrichtung des Jesuitenordens. Es bestätigt also die Geschichte, daß der Fanatismus zwar äußerlich siegen kann, aber die Begeisterung, nach außen hin nicht immer, in ideeller Beziehung jedoch stets den wahren Sieg davon trägt.

Auf der ganzen Linie bewahrheitet sich also Fichtes Wort: „Immer und notwendig siegt der Begeisterte über den, der nicht begeistert ist."

*

Statt den Begeisterten in Gegensatz zu stellen zu dem Nichtbegeisterten, baut W. die gutgegliederte Arbeit auf dem konstruierten Gegensatz von Begeistertem und Fanatiker auf. Dadurch ist der Rahmen des Themas verengt. Aber die Gedankenführung ist selbständig, der Stil, von einigen Unsicherheiten abgesehen, gut, die Wortwahl treffend.

Mit Einschränkung und großem Bedenken

Gut.

(2 –)

Klassenleistungen:

gut.

gez. Studienrat Sch.

***

„Stets gab es Menschen, die die beengenden Fesseln der irdischen Wirklichkeit in kühnem Gedankenflug abstreiften. Sie erstrebten das moralisch Gute und ethisch Hohe, das Ideal, in den Sphären einer Welt, in die die meisten ihrer Zeitgenossen von allein nicht einzudringen vermochten." Ist dies der Fall, „so ist ein einziger Geist imstande, sein Volk, ja sogar eine Welt mit sich fortzureißen und seinem Ideal zum Siege zu verhelfen". Solch ein Mann, mit einem „überirdischen Idealismus" ausgestattet, soll ausgerechnet Adolf Hitler gewesen sein, jener Hitler, der nicht in der Lage war, kontinuierlich zu arbeiten und der mit 30 Jahren noch immer keine Ausbildung hatte. Hitler hatte sechzehnjährig die Realschule ohne Abschluss 1905 verlassen. In Wien bewarb er sich zweimal erfolglos an der Wiener Kunstakademie. Danach bemühte er sich kaum, einen Beruf oder auch nur eine Berufsausbildung in Angriff zu nehmen. Er wechselte mehrfach seine Unterkünfte und soll auch im Herbst 1909 für einige Monate obdachlos gewesen sein. Anfang 1910 zog er in das Männerwohnheim in der Meldemannstraße und lebte hauptsächlich von den bescheidenen Einkünften, die er aus dem Verkauf seiner selbst gemalten Bilder und Postkarten bezog. Im Mai 1913 zog er vom Männerwohnheim in Wien nach München um, u. a. deshalb, um dem Militärdienst in Österreich zu entgehen.[43] Nach längerer Suche durch die österreichische Polizei fuhr Hitler am 5. Februar 1914 zur Musterung nach Salzburg und wurde als waffenunfähig beurteilt.

Den Kriegsausbruch 1914 begrüßte Hitler begeistert und meldete sich als Kriegsfreiwilliger. „Mir selber" – so Hitler in „Mein Kampf" – „kamen die damaligen Stunden wie eine Erlösung aus den ärgerlichen Empfindungen der Jugend vor (...)." Überwältigt von stürmischer Begeisterung sei er in die Knie gesunken und habe dem Himmel aus übervollem Herzen gedankt.[44] „Der Krieg", so der Historiker Karl Dietrich Bracher in seinem grundlegenden Werk über die deutsche Diktatur, „erschien als das Ende aller Probleme des Lebens in einer Gesellschaft, in der er sich nicht zurechtgefunden, die er in der bezeichnend egozentrischen Art seines Denkens für das eigene Scheitern verantwortlich gemacht hatte. Hier, und nicht erst in dem pathetisch gestelzten ‚Ich aber beschloß, Politiker zu werden' von 1918, liegt die entscheidende Wende: der Krieg als Umwerter aller Werte, der Kampf als Vater aller Dinge beherrscht das ganze künftige Leben Hitlers. (...) Seit dem erlösenden Ereignis von 1914 war auch das private und ‚berufliche' Dasein des nun Dreißigjährigen, der wenig gelernt hatte und keine persönlichen Bindungen besaß, mit der Verlängerung des Kriegszustandes eng verknüpft, ja identisch."[45]

Ähnlich wie Adolf Eichmann, der ebenfalls ohne Abschluss von der Realschule abgegangen war, hat Hitler wegen seiner fehlenden Bildung zeit seines Lebens Minderwertigkeitskomplexe gehabt, die er aber in seiner überheblichen und egozentrischen Art mit herablassenden Äußerungen über die „überzüchteten" Intellektuellen und „neunmalklugen" Wissenschaftler zu überspielen versuchte. In „Mein Kampf" behauptete er, dass er alle wesentlichen Themen seiner Zeit einem gründlichen „Studium" unterzogen habe und dabei stets zu dem Kern eines Problems vorgestoßen sei, in Wirklichkeit zeigen seine Ausführungen in „Mein Kampf", dass

[43] Vgl. *Joachim C. Fest*, Das Gesicht des Dritten Reiches, München 1963, S. 27 f.

[44] *A. Hitler*, Mein Kampf, S. 177.

[45] *K. D. Bracher*, Die deutsche Diktatur, S. 70, 71.

er zu einer wissenschaftlichen Analyse nicht einmal in Ansätzen fähig war. Seine „Weltanschauung" beruht zu einem großen Teil aus primitiven Vorurteilen und Klischees, getragen von einer aus verschiedenen Quellen wahllos angelesenen Halb- oder Viertelbildung.

Walther Stennes, der Oberste SA-Führer Ost, der Hitler bereits im Frühjahr 1920 im Haus des Grafen Ernst zu Reventlow kennen lernte und dann viel mit ihm zu tun hatte, beschrieb Hitler so: „Ich bin überzeugt davon, dass es niemandem gelingen wird, Hitler richtig und endgültig zu beschreiben. Er konnte sich in schnellem und ständigem Wechsel von beinahe dämonischer Düsternis und einer für die wie verzauberten Massen großen Kraft und leuchtenden Verehrungswürdigkeit darstellen, kam vielen Millionen im eigenen und im gegnerischen Lager jahrelang als unbezwingbarer Feldherr vor und war doch nicht mehr als ein militärischer Stümper. Vielen erschien er wie ein neuer Messias und war doch nur ein tödlicher Verderber, der einerseits unerbittliche Konsequenz zeigte und andererseits sich selbst und seinen Vorstellungen ständig zuwider handelte. Er war unfähig zu regelmäßiger Schreibtischarbeit. In Cafés konnte er reden – ja, darin war er ein großer Künstler, sein Gefasel begeisterte seine Zuhörer – aber Verwaltungsaufgaben in einem Büro – niemals. Er hatte eine unglaubliche Fähigkeit, schnell zu denken, schnell zu urteilen und schnell auf den Kern einer Sache zu kommen. Dazu war er uneinsichtig, vollkommen uneinsichtig, das half ihm manchmal. Organisieren konnte er nicht."[46] Hitler gelang es tatsächlich, „sein" Volk – jedenfalls erhebliche Teile – „fortzureißen" und er löste damit die größte Katastrophe aus, die die Menschheitsgeschichte bislang erlebt hat.

4. Worauf beruht Führertum?

Deutscher Prüfungsaufsatz, Gymnasium zu Berlin-Steglitz,
den 24. 1. 1935

Der Führergedanke ist so alt wie die Menschheit selbst. Zu allen Zeiten gab es überragende Männer, meist aus edlem Geschlecht, die mit Hilfe ihrer Gefolgschaft Reiche aufbauten, Reiche stürzten, im Frieden blühende Länder schufen und im Kriege Land und Meer unsicher machten. Denken wir nur, um nicht weiter zurückzugehen, an die Fürsten der Germanen in der Völkerwanderung, einen Theoderich zum Beispiel, oder, später, an den großen Reiterführer Dschingis-Chan, von der neueren Zeit, die einen Friedrich den Großen und einen Bismarck hervorbrachte, ganz abgesehen. Diese Führer hatten hinter sich einen Männerbund stehen, der auf Gedeih und Verderb mit dem Führer verbunden war. Aus diesem Bunde rekrutierten sich die Unterführer, die unweigerlich den Willen ihres obersten Führers durchsetzten und so die Gefolgschaft, die immer dem anderen Volk gegenüber in der

---

[46] *Charles Drage*, Als Hitler nach Canossa ging: Biografie des Walther Stennes, Berlin 1982, S. 109 f.

Minderheit blieb, zum Garanten der Idee ihres Führers machten. So waren immer Führer und Gefolgschaft unzertrennlich verbunden.

In neuester Zeit kann niemand über Führertum und seine Grundlagen sprechen, ohne dabei des Mannes zu gedenken, der den Prototyp des Führers darstellt, Adolf Hitlers. Er hat den Führergedanken, der in langen Jahren verschüttet wurde, wieder lebendig gemacht und sich zur Aufgabe gestellt, systematisch einen Führernachwuchs zu erziehen. Er ist der erste, der so vorgeht. Während alle die vorher genannten Männer als Führer Einzelerscheinungen waren und ihre Macht hinter ihnen zusammenbrach, weil kein Führernachwuchs vorhanden war und kein einiges Volk hinter ihnen stand, bemüht sich der Nationalsozialismus, geeignete junge Menschen zu Führern heranzubilden. Mit dieser Maßnahme wird er Erfolg haben, weil das Volk geschlossen hinter ihm steht und nicht nur ein kleiner Männerbund. Von den vergangenen Führern hatte jeder sein eigenes System, die Kommenden aber kamen aus einem Grundsatz und einer Idee. Der richtige Führer muss wissen, daß aus der Masse nicht ohne weiteres ein brauchbarer Nachwuchs hervorgehen kann. Deshalb muß für frühzeitige Auslese der rassisch besten Jungmannschaft gesorgt werden. Diese muß durch eine harte und intensive Schulung gehen. Dabei wird sich dann herausstellen, wer später einmal die jetzt führende Generation ablösen kann.

Nach der Lehre und dem Vorbild Adolf Hitlers muß ein Führer ein guter Propagandist sein. Alle guten Eigenschaften nützen ihm nichts, wenn er keine Anhängerschaft gewinnen kann oder sie von der Richtigkeit seiner Idee nicht überzeugen kann. In seiner Propaganda muß er unermüdlich sein und darf keine Kompromisse dulden, wenn er keine Enttäuschung erleben will. Er muß Neues, Umwälzendes bringen und darf nicht zugeben, daß andere auch recht haben könnten, oder daß ihre Lehre auch gut seie. – *Das nähert sich dem Unfehlbarkeitsdogma u. ist wohl nur im Hinblick auf „den Führer“ gesagt.* – Er gleiche dann jemandem, der Reklame für eine Seife mache, dabei aber hinzufügte, andere Sorten könne man auch ruhig kaufen, weil sie auch gut seien (Dr. Goebbels). Wird eine Idee nicht immer und immer wieder gepredigt, so wird sie bald verblassen, und eine spätere Generation wird kaum noch etwas von ihr wissen.

Hat ein Führer durch seine Propaganda eine Anhängerschaft gewonnen, so muß er es verstehen, sie zu organisieren, das heißt: alle Bewegungen und die Kräfte der Masse in die richtige Bahn leiten und strenge Disziplin einführen. Die Bauernkriege zum Beispiel haben deutlich gezeigt, wohin eine unorganisierte Masse, ein Leib ohne Kopf, hinkommt, wenn auch nur eine kleine disziplinierte Truppe sich ihr zum Kampfe stellt. Die Werber des „Armen Konrad“ und des „Bundschuh“ waren wohl Propagandisten, aber keine Organisation, also keine Führer.

Eine noch so gut organisierte Masse wird trotz aller Propaganda schließlich wieder auseinanderlaufen, wenn sie sieht, wie ihre Führung uneinig ist. Deshalb muß ein Führer Scharfsinn und Feingefühl bei der Auswahl seiner Umgebung und seiner Vertrauensmänner beweisen. Er muß auch hart und entschlossen genug sein können, wenn es gilt, einen Unfähigen oder gar einen Schädling zu beseitigen. Wieviele

Anhänger politischer Parteien wechselten ihre Richtung, wenn sie bemerkten, daß ihre „Führer" nicht mehr von der Idee beseelt waren, sondern sich um Nebensachen stritten. Wie dagegen dankte Deutschland seinem Führer, als die Juni-Verräter beseitigt wurden.

Ein Führer wird bald an Volkstümlichkeit verlieren, wenn seine Gefolgschaft merkt, daß er nicht sein eigenes Leben für seine Idee wagen würde. Er kann hart sein in der Durchführung seines Willens, er kann viel, ja alles verlangen, das Volk wird ihn dennoch lieben. Wenn er aber kein Opfer verlangt und merken läßt, daß seine Idee nicht einmal sein eigenes Leben wert ist, ist er kein Führer mehr, und das Volk wird sein Urteil über ihn sprechen.

In der Nachkriegszeit verbitterte der rote Arbeiter mehr und mehr, wenn er sah, wie seine Parteiführung ein Lotterleben bei Gästereien und dergleichen führte, während er im Elend verkam. So wurde er geradezu zum Nationalsozialismus hingezogen, wo er sah, daß dessen Führer keine Riesengehälter aus Arbeitergroschen und Aufsichtsratpöstchen bezogen und sich keine Pelzmäntel schenken ließen und keine Sektgelage abhielten. Der einfache Mann erkannte, daß es zu den Eigenschaften eines rechten Führers gehört, mäßig und einfach zu leben. Er muß seiner Gefolgschaft mit bestem Beispiel vorangehen. Woran anders ist denn etwa die Macht Alexanders des Großen zerbrochen als an der Schlemmerei und dem weichlichen Leben des Orients? Zu dergleichen darf ein wahrer Führer überhaupt keine Zeit haben, wenn er nicht das Wohl seiner Gefolgschaft außer acht lassen will.

Was für den Führer einer gewaltigen Bewegung gilt, gilt ebenso für seine Unterführer. Wenn auch der Unterführer, besonders in Blütezeiten der Bewegung, die Propaganda hintenan stellen kann, so haben doch die anderen Grundsätze für ihn ganz besondere Gültigkeit, sehen doch die, die er zu führen hat, in ihm stets ein Abbild des obersten Führers. Es kommt für ihn – *für ihn nicht nur, sondern für jeden* – noch hinzu, daß er gehorchen gelernt haben muß, bevor er zum Befehlen kam. Besitzt er nicht dazu noch ein besonders hohes Verantwortungsgefühl, so ist er nicht zum Amt berufen. – *hierüber müsste ausführlicher gesprochen werden. Es gilt nicht nur für „Unterführer".* – Er wird dann so viel Ehrlichkeit und Mut besitzen, zurückzutreten und um Verwendung an anderer Stelle zu bitten, wenn er tatsächlich einer Ausleseschicht angehört.

Selbstverständlich sind einem Führer auch menschliche Schwächen und Eigenheiten nicht fremd. Er hat aber in Jahren bedingungsloser Unterordnung und schärfster Disziplin gelernt, seine eigenen Interessen und Schwachheiten derart niederzuhalten, daß sie gegen den inneren Schwung, mit dem er für die Idee kämpft und Fehlgeschlagenes immer wieder anpackt, nicht aufkommen. So ist der wahre Führer durch den dauernden Kampf gegen sich selbst und durch sein zielbewußtes Handeln mit einer Sphäre der Kraft und der Energie umgeben, die bewirkt, daß seine Gefolgschaft in Vertrauen und Verehrung zu ihm, dem nie Fehlenden, aufblickt.

*

Vf. hat zweifellos eine ideale Vorstellung von den Aufgaben des Führers; es wird auch viel Richtiges über die Grundlagen des Führertums gesagt, aber d. Arbeit bleibt erstens etwas einseitig, weil immer nur ein ganz bestimmtes Führertum vorzuschweben scheint; zweitens bleibt sie recht an der Oberfläche; drittens fehlt mancherlei (Fürsorge, Verantwortungsfreudigkeit). Es ist die Arbeit eines unproblematischen, nüchternen, klaren, praktischen Kopfes. Man wünscht ihm mehr Tiefe. (…)

Im Hinblick auf die klare, sachliche Darstellung kann die Arbeit

noch

Gut

genannt werden.

Die Klassenleistungen waren genügend.

gez. P., Studienrat.

***

Prototyp des Führers – so der Aufsatz – ist Adolf Hitler, der hinter sich einen Männerbund zu stehen hat, der auf „Gedeih und Verderb" mit dem Führer – „dem nie Fehlenden"[47] – verbunden ist. Da aus der Masse nicht ohne weiteres „ein brauchbarer Nachwuchs" hervorgehen kann, muss für „frühzeitige Auslese der rassisch besten Jungmannschaft" gesorgt werden. Vor allem muss ein Führer ein guter Propagandist sein. Er darf „keine Kompromisse dulden" und er „darf nicht zugeben, daß andere auch recht haben können". Hitler selber hat sich bereits in „Mein Kampf" ausführlich zu der Wirkungsweise der Propaganda geäußert: „Die Aufnahmefähigkeit der großen Masse ist nur sehr beschränkt, das Verständnis klein, dafür die Vergeßlichkeit groß. Aus diesen Tatsachen heraus hat sich jede wirkungsvolle Propaganda auf nur sehr wenige Punkte zu beschränken und diese schlagwortartig solange zu verwerten, bis auch bestimmt der Letzte unter einem solchen Worte das Gewollte sich vorzustellen vermag.

Die breite Masse eines Volkes besteht weder aus Professoren noch aus Diplomaten. Das geringe abstrakte Wissen, das sie besitzt, weist ihre Empfindungen mehr in die Welt des Gefühls. (…) Der Glaube ist schwerer zu erschüttern als das Wissen, und die Triebkraft zu den gewaltigsten Umwälzungen auf dieser Erde lag zu allen Zeiten weniger in einer die Masse beherrschenden wissenschaftlichen Erkenntnis als in einem sie beseelenden Fanatismus und manchmal in einer sie vorwärtsjagenden Hysterie. Wer die breite Masse gewinnen will, muß den Schlüssel kennen, der das Tor zu ihrem Herzen öffnet. Er heißt nicht Objektivität, also Schwäche, sondern Wille

[47] In diesem Sinne äußerte sich auch Hermann Göring: „Wenn der katholische Christ überzeugt ist, daß der Papst in allen religiösen und sittlichen Dingen unfehlbar sei, so erklären wir Nationalsozialisten mit der gleichen innersten Überzeugung, dass auch für uns der Führer in allen politischen und sonstigen Dingen, die das nationale und soziale Interesse des Volkes angehen, glattweg unfehlbar ist." *Hermann Göring*, Aufbau einer Nation. Berlin 1934, S. 51.

und Kraft (...). Die breite Masse ist nur ein Stück der Natur (...). Was sie wünscht, ist der Sieg des Stärkeren und die Vernichtung des Schwachen oder seine bedingungslose Unterwerfung."[48]

Welche Aufgabe die Propaganda hat, dies hat auch Joseph Goebbels hervorgehoben: „Die Propaganda ist gut, die zum Erfolg führt, und die ist schlecht, die am gewünschten Erfolg vorbeigeht, selbst dann, wenn sie noch so geistreich ist; denn es ist nicht die Aufgabe einer Propaganda, geistreich zu sein; ihre Aufgabe ist es, zum Erfolg zu führen. Es kann also keiner sagen, eure Propaganda ist zu roh, zu gemein. (...) Sie soll gar nicht anständig sein, sie soll nicht sanft oder weich oder demütig sein; sie soll zu einem Erfolg führen. Wenn einer mir sagt: ‚Eure Propaganda hat ja kein gesittetes Niveau', dann brauche ich mich mit ihm gar nicht erst zu unterhalten. Es kommt nicht darauf an, daß eine Propaganda Niveau hat, sondern darauf, daß sie zum Ziele führt. Eiskalt dem Gegner auf den Pelz rücken, ihn abtasten, auskundschaften, wo seine verwundbare Stelle ist, überlegsam und berechnend den Speer schärfen, ihn wohlgezielt in die lecke Blöße des Feindes hineinjagen und dann vielleicht noch freundlich lächelnd zu sagen: Verzeihen Sie, Herr Nachbar, aber ich kann nicht anders! Das ist jenes Rachegericht, das kalt genossen wird."[49]

Der Führer – so wurde in dem Aufsatz weiter ausgeführt – muss ferner „hart und entschlossen genug sein können, wenn es gilt, einen Unfähigen oder gar einen Schädling zu beseitigen". Und weiter: Wie „dankte Deutschland seinem Führer, als die Juni-Verräter beseitigt wurden". Unter „Juni-Verräter" sind die knapp 200 Opfer des sogenannten Röhm-Putsches gemeint. Dies waren zahlreiche SA-Führer, die in einer Nacht- und Nebelaktion umgebracht wurden. Hitler, der sich im Kampf um die Macht ganz wesentlich auf die SA stützte, brauchte sie nun nicht mehr. Sie war ihm hinderlich geworden. Er suchte nun das Bündnis mit der Reichswehr.

Ernst Röhm, der Stabschef der SA, war ein enger Freund Hitlers, er war einer der wenigen, die Hitler duzte. Beide hatten sich bereits 1919 kennen gelernt. Am 30. Juni wurden Röhm und andere SA-Führer in Bad Wiessee, wo sie sich in der Pension Hanselbauer einquartiert hatten, überraschend von Hitler und der SS-Leibstandarte „Adolf Hitler" aus den Betten geholt. SA-Führer Edmund Heines wurde zusammen mit einem homosexuellen Freund im Bett vorgefunden. Es war dies eine jener Szenen, die der Propagandist Goebbels dann später in seiner Erklärung zum Röhm-

---

[48] *A. Hitler*, Mein Kampf, S. 198 und S. 371 f. Weiter führte Hitler aus: „Je bescheidener dann ihr wissenschaftlicher Ballast ist, und je mehr sie ausschließlich auf das Fühlen der Masse Rücksicht nimmt, um so durchschlagender der Erfolg. (...) Daß dies von unseren Neunmalklugen nicht begriffen wird, beweist nur deren Denkfaulheit oder Einbildung." Ebd., S. 198.

[49] Zit. nach: *J. C. Fest*, Das Gesicht des Dritten Reiches, S. 129. Weiter führt Goebbels aus: „Wir gehen in den Reichstag hinein, um uns im Waffenarsenal der Demokratie mit deren eigenen Waffen zu versorgen. Wir werden Reichstagsabgeordnete, um die Weimarer Demokratie mit ihrer eigenen Unterstützung lahmzulegen. Wenn die Demokratie so dumm ist, uns für diesen Bärendienst Freifahrkarten und Diäten zu geben, so ist das ihre eigene Sache. (...) Wir kommen nicht als Freunde, auch nicht als Neutrale, wir kommen als Feinde! Wie der Wolf in die Schafherde einbricht, so kommen wir." Zit. nach: *Der Angriff* vom 30. April 1928.

Putsch zu den „widerlichen und fast Brechreiz verursachenden Bildern“ zählte.[50] Nachdem Röhm sich geweigert hatte, Selbstmord zu begehen, wurde er erschossen, ebenso Heines und andere SA-Führer.

Ein weiterer enger Kampfgefährte Adolf Hitlers war Gregor Straßer. Er schloss sich bereits 1921 der NSDAP an, beteiligte sich 1923 am „Hitler-Putsch“, war anschließend zusammen mit Hitler auf der Festung Landsburg inhaftiert und wurde am 2. Januar 1928 von Hitler zum Reichsorganisationsleiter der NSDAP ernannt. Zwischen beiden entwickelten sich Meinungsverschiedenheiten, wie die Macht im Staate errungen werden kann. Am 30. Juni 1934 wurde Straßer verhaftet und von einem SS-Kommando in das Gebäude der Geheimen Staatspolizei in der Prinz-Albrecht-Straße gebracht. „Bereits gefesselt, wurde er (...) in eine Einzelzelle des Kellergeschosses gebracht und sofort mit mehreren Pistolenschüssen durch einen SS-Hauptsturmführer ermordet, der den Keller dann mit den Worten verließ: ‚Das Schwein wäre erledigt!‘ Die Leiche wurde offenbar an Ort und Stelle in Einzelteile zerstückelt und in mehreren blutigen Säcken weggebracht.“[51] Der Frau Straßer wurde als offizielle Todesursache „Selbstmord“ angegeben.

Aber nicht nur innerparteiliche Konkurrenten, auch andere, die bei Hitler in „Ungnade“ gefallen waren, fielen der „Nacht der langen Messer“ zum Opfer. Zu ihnen gehörten der ehemalige Reichskanzler General Kurt von Schleicher, Erich Klausener[52], der Vorsitzende der Katholischen Aktion im Bistum Berlin, und der ehemalige bayerische Ministerpräsident Gustav Ritter von Kahr. In einem eigens

---

[50] Zit. nach: *Heinz Höhne*, Mordsache Röhm. Hitlers Durchbruch zur Alleinherrschaft 1933–1934, Hamburg 1984, S. 267 f.

[51] *Udo Kissenkoetter*, Gregor Straßer und die NSDAP, Stuttgart 1978, S. 194.

[52] Erich Klausener war seit 1926 Leiter der Polizeiabteilung im Preußischen Innenministerium. Nach der Machtübernahme der Nationalsozialisten 1933 versetzte Hermann Göring ihn ins Reichsverkehrsministerium. Als Leiter der Berliner Katholischen Aktion seit 1928 hatte er verschiedentlich die Politik Adolf Hitlers kritisiert. Am Tag des „Röhm-Putsches“ wurde er von dem SS-Offizier Kurt Gildisch in seinem Dienstzimmer erschossen. Den Auftrag dazu hatte er von Reinhard Heydrich erhalten, der Klausener als „gefährlichen Katholikenführer“ bezeichnete. Gildisch suchte Klausener zusammen mit einem weiteren Gestapo-Beamten in seinem Büro im Reichsverkehrsministerium auf und eröffnete ihm, dass er verhaftet sei. Als Klausener zum Mitgehen fertig war, schoss Gildisch ihm von der rechten Seite in den Kopf. Den Mord tarnte er anschließend als Selbstmord, indem er die Tatwaffe neben Klauseners Arm legte. Anschließend floh er nach Bremerhaven, wo er den kurz zuvor verhafteten SA-Obergruppenführer Karl Ernst übernahm und ihn in die Kadettenanstalt Lichterfelde überführte, wo Ernst noch am selben Abend in Gildischs Gegenwart erschossen wurde. In Anerkennung seiner „Leistungen“ während des „Röhm-Putsches“ wurde Gildisch am 4. Juli 1934 zum SS-Sturmbannführer befördert.

1949 wurde Gildisch von einem Bekannten, vor dem er sich 1934 der Ermordung Klauseners gerühmt hatte, wiedererkannt und polizeilich angezeigt. Das Verfahren fand beim Landgericht Berlin statt. Gildisch wurde am 18. Mai 1953 wegen des Mordes an Klausener zu einer Zuchthausstrafe von fünfzehn Jahren verurteilt. Die Unterlagen zu diesem Prozess befinden sich heute im Landesarchiv Berlin (LA Berlin, B Rep. 058 Nr. 1493–1500. Strafsache gegen Kurt Gildisch wegen der Ermordung Dr. Erich Klauseners im Zuge des sogenannten Röhm-Putsches).

erlassenen „Gesetz über Maßnahmen der Staatsnotwehr“ wurden die Verbrechen für „rechtens“ erklärt.[53] In einer im Rundfunk übertragenen Reichstagsrede betonte Hitler: „Wenn mir jemand den Vorwurf entgegenhält, weshalb wir nicht die ordentlichen Gerichte zur Aburteilung herangezogen hätten, dann kann ich ihm nur sagen: in dieser Stunde war ich verantwortlich für das Schicksal der deutschen Nation und damit des deutschen Volkes oberster Gerichtsherr. (...) Die Nation muss wissen, dass ihre Existenz (...) von niemanden ungestraft bedroht wird. Und es soll jeder für alle Zukunft wissen, dass, wenn er die Hand zum Schlag gegen den Staat erhebt, der sichere Tod sein Los ist.“[54] Hermann Göring erklärte vor den General- und Oberstaatsanwälten: „Das Recht und der Wille des Führers sind eins.“[55]

5. „Das Opfer verlangte eine erhöhte Kraft, aber was ist die Kraft, die zum Opfer gehörte, gegen die Kraft, die von ihm ausgeht!“ (Werner Beumelburg)

Deutscher Prüfungsaufsatz, Gymnasium zu Berlin-Steglitz,
den 24. 1. 1935

Daß ein Opfer stets eine erhöhte Kraft erfordert, sofern es wirklich ein Opfer ist, braucht nicht erst bewiesen zu werden; es ist selbstverständlich. – *Keineswegs! Gibt es doch sogar Philosophen u. Religionsethiker, die d. Sittlichkeit eines O. bestreiten, solange es eben als Opfer empfunden wird.* – Daß aber auch der zweite Teil des Wortes: „Was ist die Kraft, die zum Opfer gehört, gegen die Kraft, die von ihm ausgeht!“ seine volle Berechtigung hat, (ist) den wenigsten Menschen geläufig. Das hat seine Gründe. Wenn nämlich ein Opfer so segensreiche Folgen hat, daß des einzelnen Leid dahinter zurücktritt, dann ist er ja verpflichtet, im Ernstfalle das Opfer zu bringen. Opfer aber bedeutet Verzicht, und Verzicht ist immer etwas Unangenehmes. Dem Unangenehmen aber gehen wir Menschen gern aus dem Wege.

Wir sind zu faul und zu bequem, um nicht zu sagen: zu selbstsüchtig und zu egoistisch, uns mit Gedanken zu belasten, aus denen wir für uns unangenehme Konsequenzen ziehen müßten. Daß trotz derartiger Negierung die im zweiten Teil unseres Dichterwortes ausgesprochene Tatsache bleibt wie sie ist, liegt auf der Hand. Es ist so, daß die von einem Opfer ausgehende Kraft tausendmal größer ist, als die zu ihm gehörende. Warum aber ist das so? Und worin besteht diese Kraft? Wie äußert sie

---

[53] Dies war eines der kürzesten „Gesetze“. Unterzeichnet war es neben Hitler von Reichsminister des Innern Wilhelm Frick und Reichsminister der Justiz Dr. Franz Gürtner.

[54] *Adolf Hitler*, Rede vor dem Reichstag am 13. Juli 1934. Zit. nach: *Norbert Frei*, Der Führerstaat, 7. Auflage 2002, S. 37.

[55] Zit. nach: *Walther Hofer*, Die Diktatur Hitlers. Bis zum Beginn des Zweiten Weltkrieges, Konstanz 1960, S. 33.

sich? Das sind alles Fragen, die es hier zu beantworten gilt. Selbstverständlich handelt es sich bei der Kraft, von der hier die Rede ist, nicht um die physische Kraft des Menschen.

Sie ist seelischer und geistiger Natur und wirkt als solche auf das Innere des Menschen. Stets wirkt sie in gutem Sinne und kann nur so wirken. Zum Opfer ist eine sittliche Tat, eine Tat, die immer von edlen Motiven getragen ist. Sonst wäre das Opfer kein Opfer. – *Sehr optimistisch! Soll wohl heißen, daß hier nur von solchen O. gesprochen werden soll. Da liegt ein Denkfehler vor.* – Eine edle und gute Tat aber läßt in jedem Menschen verwandte Seiten erklingen. Kein Mensch ist so verstockt und innerlich verhärtet, daß er sich nicht die Fähigkeit bewahrt hätte, das Gute zu empfinden. Man nehme ein Beispiel, welches man wolle, etwa das Opfer des eigenen Lebens, den Tod für das Vaterland. Dies Opfer ist das höchste Opfer, dessen ein Mensch fähig ist, denn Volk und Vaterland sind ihm Begriffe, die seinem Leben überhaupt erst Sinn und Inhalt geben. Niemand wird ernsthaft bestreiten wollen, daß die edelsten Motive es sind, auf die dies Opfer sich gründet: Begeisterung, Hingabe, Pflichtgefühl. Kein Mensch wird sich der Wirkung eines solchen Opfers entziehen können. Und sehen wir, wie die von einem Opfer ausgehende Kraft zunächst die Kraft des Beispiels ist, das Beispiel, das auf die allermeisten Menschen eine ermutigende Wirkung ausübt. Nicht jeder möchte der erste sein, jeder aber wäre gern der zweite. Die Herde folgt dem Leithammel. – *Unglaubl. Vergleich in diesem Zus.hange!* – Ohne ihn läuft sie auseinander.

Dieser an sich nicht gerade schöne Zustand ist bezeichnend für den Menschen: Sein Lebensinhalt ist die Selbstsucht und mit ihr die Feigheit. – *Das ist übertrieben. Bitte erklären!* – Und diese angeborene Selbstsucht und Feigheit macht es ihm so schwer, einmal ein Opfer zu bringen. Das Opfer setzt immer einen inneren Kampf voraus, ein Ringen des „sittlichen“ Willens mit der „unsittlichen“ Selbstsucht, und in ganz besonderem Maße ist das der Fall bei dem größten Opfer, das er bringen kann: dem des eigenen Lebens. – *Ja, solange man eine Tat als O. empfindet. Nur, wenn man höher kommt. Und das muß d. Ziel sein. Kann man wirkl. kein größeres Opfer bringen?* – Er hängt am Leben und liebt es; er sieht in ihm nicht selten gar den Inbegriff aller Glückseligkeit, wiewohl es ja eigentlich „Der Güter höchstes nicht“ sein sollte. Er ist eben nicht imstande, allen an ihn gestellten sittlichen Forderungen zu genügen.

Ist es doch schon viel, wenn er überhaupt vermag, seine angeborene Triebhaftigkeit zu unterdrücken und nicht immer nur Tier zu sein. Er ist eine Doppelnatur. Tierisches ringt in ihm mit Göttlichem und die Beherrschung seiner Seele, und jeder sittlichen Tat, jedem Opfer geht ein Kampf beider Wesensarten in ihm voraus, ein Kampf, der um so heftiger ist, je größer das Opfer, das von ihm verlangt wird. Den wenigsten gelingt es, sich restlos zu überwinden, wenn es sich um ein ganz besonders schweres Opfer handelt. Und diese wenigen sind Vorbilder. Wem von uns würde es einfallen, – *ein eigentümlicher Standpunkt!* – für eine Idee zu sterben, selbst wenn wir sie für richtig erkannt haben und wir von ihrer Wahrheit restlos überzeugt sind?!

Es würden sich nicht allzu viele finden. Noch jede Bewegung hat mehr Mitläufer gezählt als Kämpfer und mehr Kämpfer als Märtyrer. Daß aber jeder Märtyrer einer Bewegung durch 100 neue Kämpfer und 10000 neue Mitläufer ersetzt wird, und daß eine Idee, deren vornehmste Anhänger ihr Leben für sie geopfert haben, auch mit den unglaublichsten Zwangsmitteln sich nicht mehr töten läßt und unaufhaltsam fortschreitet auf dem Wege zum Siege, das beweist wieder die Kraft des Beispiels und den Einfluß des führenden Vorbildes, gepaart mit einem gewissen menschlichen Trotz und Auflehnungswillen, einem Hange zur Opposition, der sich zu äußern pflegt in den Worten: „Nun erst recht!“ Die Kraft des Beispiels ermutigt die anderen Menschen zu gleicher Tat und stärkt ihre Widerstandskraft. Die eine sittliche Tat ruft viele neue sittliche Taten hervor. Ein einzelner Mann kann vorbildlich werden für ein ganzes Volk und es dadurch mit der gleichen Kraft erfüllen, die er selbst besessen. Und dann hat sich solch ein Opfer gelohnt, wenn das sittliche Niveau eines ganzen Volkes damit gehoben wurde. Dann ist das Opfer des einzelnen der Gesamtheit, der Gemeinschaft zugute gekommen, und die Kraft, die von ihm ausging, war wirklich weit, weit größer als die Kraft, die der einzelne Mensch daransetzen mußte, es zu bringen. Aus diesem Grunde wird heute der Opfergedanke von oben her ins Volk getragen als Mittel zur inneren Fortentwicklung unseres Volkes. Auch kleine Opfer sind Opfer, wenn sie einen Verzicht bedeuten auf etwas, was einem lieb und wert war. Und auch vom Opfergedanken kommen wir auf die Erkenntnis. Der einzelne hat Pflichten gegen die Gemeinschaft und hat eigene Wünsche zu ihren Gunsten hinten anzustellen.

*

Eine gewandt geschriebene Arbeit, deren leichte Lesbarkeit es macht, daß man zunächst über manche Schwächen hinwegzulesen geneigt ist.

Manches erscheint d. Vf. gar zu selbstverständl. Er unterschätzt d. Schwierigk. d. Frage. Das verleitet ihn dazu, über manches mit Eleganz hinwegzuleiten. Da er d. Schwierigkeiten unterschätzt, geht er nirgends wirklich in d. Tiefe, i. Gegenteil, an manchen Stellen wundert man sich über d. Oberflächlichkeit. Darüber darf man sich durch den sehr gewandten Stil nicht täuschen lassen. (...)

Mehrfache Unklarheiten u. Denkfehler sind vorhanden.

Wenn so auch mancherlei Einwendungen in der Arbeit zu machen sind, so zeigt sie i. ganzen doch unzweifelhafte Reife u., wie bereits gesagt, eine recht gute Darstellungsgabe.

Gut.

Die Klassenleistungen waren genügend (im Schriftlichen immer sehr viel besser als im Mündlichen).

gez. P., Studienrat.

***

„Man nehme ein Beispiel“, wird in dem Aufsatz ausgeführt, „welches man wolle, etwa das Opfer des eigenen Lebens, den Tod für das Vaterland. Dies Opfer ist das höchste Opfer, dessen ein Mensch fähig ist, denn Volk und Vaterland sind ihm Begriffe, die seinem Leben überhaupt erst Sinn und Inhalt geben." Doch – so wird auch gesagt – hängt der Mensch „am Leben und liebt es; er sieht in ihm nicht selten gar den Inbegriff aller Glückseligkeit, wiewohl es ja eigentlich ‚Der Güter höchstes nicht' sein sollte. Er ist eben nicht imstande, allen an ihn gestellten sittlichen Forderungen zu genügen." Doch heute – so wird weiter in dem Aufsatz betont – wird „der Opfergedanke von oben her ins Volk getragen als Mittel zur inneren Fortentwicklung unseres Volkes". Bereits in „Mein Kampf" hatte Hitler dargelegt: „Wenn man sich jedoch die Frage vorlegt, was nun die staatsbildenden oder auch nur staatserhaltenden Kräfte in Wirklichkeit sind, so kann man sie unter einer einzigen Bezeichnung zusammenfassen: Aufopferungsfähigkeit und Aufopferungswille des einzelnen für die Gesamtheit".[56] Schon der Jugend – so Hitler weiter – muss „ein eiserner Grundsatz in die noch bildungsfähigen Köpfe hineingehämmert werden: Wer sein Volk liebt, beweist es einzig durch die Opfer, die es für dieses zu bringen bereit ist".[57]

Die nationalsozialistische Erziehungsarbeit konnte dabei an deutschnationale Traditionen anknüpfen, wonach der Tod für das Vaterland als besondere Tugend betrachtet wurde. In der eingangs erwähnten Rede zur 50-Jahr-Feier des Gymnasiums Steglitz ging der Schulleiter, Oberstudiendirektor Fritz Sommer, auch auf die Ziele und die Tradition der Schule ein. „Nur um unseres Volkes und unseres Staates willen" – so führte er aus – „senken wir tagaus tagein in mühseliger Kleinarbeit den Samen in die Herzen unserer deutschen Jungen, auf daß aus ihnen eine herrliche Blüte, die wertvolle Frucht trägt, aufgehe, auf daß sie als Diener unserer Volksgemeinschaft die rechten Wahrer und Förderer deutschen Ruhms und deutscher Größe seien. Sie können das, weil der Inhalt unserer Erziehungsarbeit an ihnen die Vermittlung der Tugenden ist, die von jeher als echt deutsche gegolten haben: Gottesfurcht, Treue, Wahrhaftigkeit, Keuschheit, Opferbereitschaft und Todesverachtung."[58]

Zum Schluss forderte er die Abiturienten auf, dem Geiste der Schule allzeit treu zu bleiben: „Dann werdet Ihr auch in den beiden letzten und höchsten deutschen Tugenden, der Opferbereitschaft und der Todesverachtung, nie versagen (...)."[59]

---

[56] *A. Hitler*, Mein Kampf, S. 167.

[57] Ebd., S. 474.

[58] *Dr. F. Sommer*, Geschichte des Gymnasiums Steglitz 1911/1936, S. 10.

[59] Ebd.

6. Merses profundo, pulchrior evenit (angewandt auf die deutsche Gegenwart)

Deutscher Prüfungsaufsatz, Gymnasium zu Berlin-Steglitz, den 24. 1. 1935

Der unglücklichste und schmählichste Vertrag, den je deutsche Männer unterschrieben haben, ist der Versailler Vertrag gewesen. Wahl- und planlos wurde durch ihn deutsches Gebiet vom deutschen Mutterlande abgetrennt. Deutschdenkenden, Deutschfühlenden und Deutschsprechenden wurde eine fremde Sprache von einem Land, das sie haßten, aufgezwungen. Nie wird das Deutsche Volk diesen Männern, die den Schmachvertrag unterschrieben haben, verzeihen können. Deutschland lag am Boden. Die Gegner hatten die Niederwerfung Deutschlands erreicht. Aber nein. Äußerlich war Deutschland besiegt worden, aber nicht im Herzen. Alle, die an Deutschland glaubten, wußten, daß ihr Vaterland nie zugrunde gehen kann.

Aus diesem Gefühl, aus diesem Bewußtsein heraus scharrte sich eine kleine Gruppe zusammen, die Deutschland, ihr heiliges Vaterland, aus dem tiefsten Abgrund wieder auf den höchsten Gipfel führen wollten. Auf diese kleine Gruppe von deutschen Männern stieß Adolf Hitler, als er von Wien nach der deutschen Kunststadt München übergesiedelt war. In Wien hatte er den Marxismus kennengelernt, der die Arbeiter gegen Staat und Religion aufhetzte. Auch an ihn traten die marxistischen Agitatoren heran, als er auf einer kleinen Baustelle sein tägliches Brot verdienen mußte. Aber nein. Er lehnte den Eintritt in diese Partei ab, und als man ihn zwingen wollte, verließ er seine Arbeitsstätte, erfüllt von dem Haß gegen den Marxismus. Oft genug hatte er in Reichstagssitzungen – ? – in Wien den Reden der marxistischen Volksverräter zugehört. Immer deutlicher wurde es ihm, daß die marxistische Partei auf falschem Weg ist, der das Volk nicht frei macht, sondern immer tiefer in den Abgrund führt.

Da ihm Wien keine Gelegenheit mehr bot, um seinen Lebensunterhalt zu verdienen, und er das Treiben der marxistischen Partei nicht mehr länger mitansehen konnte[60], fuhr er nach München, um dort mit den geringen Mitteln, die ihm zur Vefügung standen, sein Studium, das er hatte aufgeben müssen, fortzusetzen.

Eine schwere Zeit schien für ihn zu beginnen, aber das Schicksal führte ihn zu den Männern, die Deutschlands Ehre wiederherstellen wollten. Er vertiefte sich in die Ziele, die sich die kleine Gruppe gesteckt hatte, und erweiterte das Programm auf 25 Punkte. Mit seinem Eintritt erhielt diese Bewegung einen neuen Führer.

---

[60] Hitler gab als Grund für seine Abreise nach München Folgendes an: „Widerwärtig war mir das Rassenkonglomerat, das die Reichshauptstadt zeigte, widerwärtig dieses ganze Völkergemisch von Tschechen, Polen, Ungarn, Ruthenen, Serben und Kroaten usw., zwischen allem aber als ewiger Spaltpilz der Menschheit – Juden und wieder Juden“. *A. Hitler*, Mein Kampf, S. 135.

Von Grund auf mußte das Deutsche Reich wieder aufgebaut werden. Die stolzen Säulen des riesigen Bauwerkes, das einst Bismarck von klein auf erbaut hatte, waren von den verräterischen Marxisten, die kein Vaterland und keinen Gott kannten, niedergerissen worden. Jetzt galt es, die Trümmer wegzuräumen und von neuem den Bau zu beginnen, der viele Jahre dauern mußte, ehe er vollkommen und in seiner Größe und Standhaftigkeit dastehen kann, daß keiner mehr, und sei er noch so stark, an ihm rütteln kann.

Schwierig war es, die Trümmer wegzuräumen, denn immer neue Hindernisse stellten sich der Bewegung entgegen. Als Bayern vom Deutschen Reich getrennt werden sollte, erhob sich diese kleine Gruppe, um diese Loslösung zu verhindern. Am 9. November 1923 marschierten sie durch München, an der Spitze Adolf Hitler und v. Ludendorff. Kläglicher Verrat unterdrückte den Umsturzgedanken, – *Ungenau und mißverständlich. Was war Hitlers Ziel?* – und 14 deutsche Männer wurden von deutschen Kameraden an der Feldherrenhalle von Maschinengewehrkugeln durchbohrt. Adolf Hitler wurde zu fünf Jahren Festung verurteilt, die Bewegung aufgelöst. Schon schien es so, als ob der Kampf vieler Deutschen, die um den Aufstieg Deutschlands rangen, verloren sei. Aber nein. Trotz Verbot ging der Kampf unermüdlich weiter. Nach Neugründung der Partei wuchs die Zahl der Mitglieder von Jahr zu Jahr. In diesem schweren Kampf mußten viele ihr Leben für Deutschlands Aufstieg lassen. Von verbrecherischen Marxisten wurden sie hinterrücks erschossen oder erschlagen. Ja, es waren manchmal die eigenen Arbeitsgenossen, die ihren Kameraden, auf den Frau und Kinder zu Hause warteten, nach Arbeitsschluß auflauerten und sie mit feiger Mörderhand niederschlugen. Der Arbeiter wurde von den marxistischen Verführern zum Mord gezwungen. Der eine gönnte dem anderen nichts. Die Kluft zwischen Arbeitgeber und Arbeitnehmer war zu groß, um überbrückt zu werden. Der Arbeiter wollte an dem Ertrag seines Werkes Anteil haben, er wollte bei Verhandlungen und Versammlungen mitreden können. Alles, alles versprach ihm der Marxismus, aber nie wurde das Versprechen gehalten.

So galt es für Adolf Hitler, den deutschen Arbeiter aus den Händen des Marxismus herauszureißen. Die Grundlage für sein Bauwerk sollte der Arbeiter sein, dessen Streben er erkannt hatte. Nach langen und schweren Jahren gelang es ihm, den deutschen Arbeiter von dem verräterischen Treiben des Marxismus zu überzeugen. Jetzt setzte der Arbeiter seine Hoffnung auf Adolf Hitler. Und als die Zahl der Anhänger der Bewegung so groß war, daß die Gegner nicht mehr gefährlich werden konnten, sah der verewigte Reichspräsident v. Hindenburg diesen Augenblick für gegeben, getrost und mit ruhigem Gewissen das Schicksal Deutschlands in die Hände Adolf Hitlers zu legen. Der Grundstein des neuen Bauwerkes war gelegt, jetzt konnten die stolzen Säulen errichtet werden, die dann das vollendete Bauwerk tragen können. Niemals wird dieses Bauwerk erschüttert werden können, da der Baumeister es von Grund auf mit bestem Material und mit hervorragender Kenntnis aufgebaut hat. Adolf Hitler hat dem Deutschen Volk seine Wehrhoheit wiedergegeben. Deutschland ist befreit von den Fesseln des Versailler Vertrages. Nie wird das Deutsche Volk seinen Führer im Stiche lassen. Nie wird Deutschland untergehen, wenn es auf Gott und Führer baut. Die Deutsche Jugend ist verpflichtet, die ihr vom Führer gestellten Aufgaben zu Ende zu führen. Es ist unsere heiligste Pflicht, seinem Ruf zu folgen, wenn es gilt, das Vaterland zu verteidigen. Wir sind bereit zu sterben, damit unser Deutschland lebt.

Und was der Krieg verlangt, fordert auch das Leben. Und letzten Endes ist es gleich, ob ich in Zivil oder in Uniform sterbe. Worauf es ankommt, ist, daß ich nicht für mich allein und meinen Gewinn kämpfe, sondern, daß ich bereit bin, mein Leben einzusetzen, damit mein Volk leben kann.

„Und setzet ihr nicht das Leben ein,

Nie wird euch das Leben gewonnen sein.“

*

Der Aufsatz nimmt an keiner Stelle Bezug auf den Wortlaut des Themas. Die Darstellung der deutschen Entwicklung beschränkt sich ausschließlich auf die äußeren Vorgänge und landet dabei oft in nichtssagender Plattheit. Nur, weil der Aufsatz im Ganzen einigermaßen richtig aufgebaut ist, unter großen Bedenken noch

genügend.

Klassenleistungen: genügend.

gez. Dr. R.

***

„Nie wird Deutschland untergehen, wenn es auf Gott und Führer baut“, heißt es in dem Aufsatz. Der Aufsatz wurde 1936 geschrieben. Dies war die Zeit der allgemeinen nationalen Hitler-Euphorie.

Hitler selber war es, der den Mythos um seine Person begründete. In „Mein Kampf“ schrieb er: „Völker, die aus einer solchen Not überhaupt keine heroische Lösung mehr finden, kann man als impotent bezeichnen, während wir die Lebenskraft eines Volkes und die durch sie noch verbürgte Bestimmung zum Leben am schlagendsten dann bewiesen sehen, wenn ihm für die Befreiung aus einem großen Zwang, oder zur Beseitigung einer bitteren Not, oder zur Befriedigung seiner ruhelos, weil unsicher gewordenen Seele, vom Schicksal eines Tages der dafür begnadete Mann geschenkt wird, der endlich die lang ersehnte Erfüllung bringt.“[61] In „Mein Kampf“ ist immer wieder die Rede von dem „genialen“ Mann, von der überragenden Rolle der Persönlichkeit. „Irgendein genialer Gedanke entsteht im Gehirn eines Menschen, der sich berufen fühlt, seine Erkenntnis der übrigen Menschheit zu vermitteln. Er predigt seine Anschauung und gewinnt allmählich einen bestimmten Kreis von Anhängern.“[62] Die gewaltigste Kraft eines Volkes – so Hitler weiter – „beruht nicht in der Achtung vor der Masse, sondern in der Verehrung

[61] *A. Hitler*, Mein Kampf, S. 570.

[62] Ebd., S. 381.

des Genies und in der Erhebung und Erbauung an ihm".[63] Der „Segen der Menschheit" lag „nie in der Masse", sondern ruhte immer nur „in ihren schöpferischen Köpfen, die daher in Wirklichkeit als die Wohltäter des Menschengeschlechts anzusprechen sind".[64] Das Aussuchen dieser Köpfe besorgt dann – so Hitler – der harte Lebenskampf selbst. „Vieles bricht und geht zugrunde, erweist sich also doch nicht zum als zum Letzten bestimmt, und wenige nur erscheinen zuletzt als auserwählt."[65]

Kein Zweifel: Hitler hielt sich für „auserwählt", für die begnadete Persönlichkeit, die die „lang ersehnte Erfüllung bringt". Diese wahnhafte Ichbezogenheit hat sich im Laufe der Zeit mit den „Erfolgen" noch verstärkt. Am 7. März 1936 ließ Hitler die entmilitarisierte Zone des Rheinlandes besetzen. Dies war ein erneuter Schlag gegen den Versailler Vertrag und ein offener Bruch des Locarno-Abkommens. Schon zuvor hatte Hitler den Versailler Vertrag gebrochen, indem er am 16. März 1935 die allgemeine Wehrpflicht verkündete. Die Besetzung des Rheinlandes war vor allem ein riskantes Spiel. Der damalige Oberst Alfred Jodl sagte später in Nürnberg aus, ihm und den Generälen sei so unheimlich zumute gewesen, wie einem Spieler, der sein ganzes Vermögen im Roulette auf eine Farbe gesetzt habe. Die französische Armee hätte die deutschen Truppen hinwegblasen können. Auch Hitler hat später eingestanden: „Wären die Franzosen damals ins Rheinland eingerückt, dann hätten wir uns mit Schimpf und Schande wieder zurückziehen müssen (...)."[66] Außer Drohungen, eine Kette von Konsultationen und Konferenzen, einer Verurteilung durch den Völkerbundrat geschah jedoch nichts. Hitler war mit seinem Coup durchgekommen. Diese Aktion war aber nicht nur voller Risiken, sondern auch populär. Hitler nutzte die Gunst der Stunde, löste den Reichstag auf und beraumte Neuwahlen für den 29. März 1936 an. Die Propaganda lief auf Hochtouren. Die Transparente verkündeten: „Nur einer schafft's: Der Führer! Haltet ihm die Treue!"[67] Das Ergebnis war dementsprechend: 98,8 Prozent für die „Liste des Führers". Auch wenn Manipulation und Zwang sowie Alternativlosigkeit die Wahl beherrscht haben, so gibt es dennoch keinen Zweifel: Der „Führer" schwamm zu dieser Zeit auf einer Welle der nationalen Euphorie. Am 14. März 1936 sagte Hitler den selbstgefälligen Satz: „Ich gehe mit traumwandlerischer Sicherheit den Weg, den mich die Vorsehung gehen

[63] Ebd., S. 388. Der Verzicht auf die „Huldigung vor einem großen Geist", so ergänzte Hitler, „bedeutet den Verlust einer immensen Kraft (...)." S. 387. „Nicht die Masse erfindet und nicht die Majorität organisiert oder denkt, sondern in allem immer nur der einzelne Mensch, die Person." S. 496. Durch die „destruktive Tätigkeit" des Juden wurde jedoch die „Bedeutung der Person" unterhöhlt und die „der Masse an ihre Stelle" gesetzt. Vgl. ebd., S. 498. In seinem vereinfachten Weltbild konnte Hitler sich Persönlichkeit und Masse nur als Gegensatz vorstellen.

[64] Ebd., S. 497.

[65] Ebd.

[66] Zit. nach: *Hans-Ulrich Thamer*, Verführung und Gewalt. Deutschland 1933–1945. Band 3 der 4-bändigen Sonderausgabe „Siedler, Deutsche Geschichte", München 2004, S. 536.

[67] Zit. nach: ebd., S. 539.

heißt"[68] und auf dem „Reichsparteitag der Ehre" vom 4. bis 18. September 1936 in Nürnberg verkündete er: „Das ist das Wunder unserer Zeit, daß ihr mich gefunden habt, daß ihr mich gefunden habt unter so vielen Millionen! Und daß ich euch gefunden habe, das ist Deutschlands Glück."[69]

Die Vollbeschäftigung, die wirtschaftliche Konsolidierung (auch wenn sie durch die Staatseinnahmen nicht gedeckt war) sowie die außenpolitischen Erfolge der Jahre 1936–1938 verstärkten den propagandistisch inszenierten Hitler-Mythos; die Führerverehrung nahm quasi religiöse Formen an. Hermann Göring erklärte Hitler in allen politischen Fragen für „unfehlbar"[70], „Robert Ley bezeichnet ihn als den einzigen Menschen, der sich nie geirrt habe, Hans Frank nannte ihn einsam wie alles Starke in der Welt und wie der Herrgott selbst, und ein SS-Gruppenführer Schulz aus Pommern versicherte, er sei größer als Jesus Christus; denn dieser habe zwölf treulose Jünger gehabt, der Führer dagegen stehe an der Spitze eines verschworenen Volkes von 70 Millionen."[71] Hitler wurde immer mehr das Opfer seines Mythos. „Wenn je ein Mensch", so der bekannte englische Historiker Alan Bullock, „an seinem selbstgeschaffenen Bilde zugrunde ging, dann war es Adolf Hitler."[72]

Die Führervergötterung spiegelt sich auch in den Abituraufsätzen wider. „Nie wird das deutsche Volk seinen Führer im Stiche lassen", heißt es weiter in dem Aufsatz. Hitler hatte immer wieder die bedingungslose Gefolgschaft von „seinem" Volk gefordert sowie die Bereitschaft, für „das Vaterland" jedes Opfer zu bringen. In „Mein Kampf" schrieb er: „In der Hingabe des eigenen Lebens für die Existenz der Gemeinschaft liegt die Krönung alles Opfersinns."[73] In dem Weimarer System – so fuhr Hitler fort – sei jedoch diese Tugend verloren gegangen. „Keine blasse Ahnung war mehr vorhanden über das Wesen der Kraft, die Männer aus freiem Willen und Entschluß in den Tod zu führen vermag."[74] Schon während des Krieges sei dem deutschen Volke „schlimmster Pazifismus" eingeimpft worden.[75]

Ganz in diesem Sinne heißt es dann auch in dem Aufsatz: „Wir sind bereit zu sterben, damit unser Deutschland lebt." Letzten Endes sei es gleich, „ob ich in Zivil oder in Uniform sterbe". Die „Erziehung zum Sterben" war Teil der Vorbereitung auf den zukünftigen Krieg. Das Regime brauchte Menschen, die bereit waren, alles zu geben, notfalls auch das eigene Leben. Der „Führer" allerdings dankte soviel Opferbereitschaft „seinem" Volke nicht. Hitler, der soviel Leid und Unglück über andere Menschen gebracht hat, erklärte ohne die Spur einer Einsicht in das Grausige, was er angerichtet hat, gegenüber dem SS-Brigadeführer Walter Schellenberg Mitte 1944:

[68] Zit. nach: ebd., S. 540.

[69] Zit. nach: *J. C. Fest*, Das Gesicht des Dritten Reiches, S. 63.

[70] Vgl. Anm. 47 dieser Arbeit.

[71] Zit. nach: *J. C. Fest*, Das Gesicht des Dritten Reiches, S. 76.

[72] Zit. nach: ebd., S. 77.

[73] *A. Hitler*, Mein Kampf, S. 327.

[74] Ebd., S. 168.

[75] Ebd., S. 265.

„Sollte das deutsche Volk versagen, dann wird es untergehen. – Ja, dann soll es untergehen, dann soll es krepieren; denn die Besten des Volkes werden im Kampf gefallen sein, und der Rest soll dem biologisch Stärkeren Platz machen. Versagt das deutsche Volk, dann wird das Ende für Deutschland grausam sein. Aber mehr hat es dann nicht verdient.“[76]

7. Wir bauen mit am neuen Reich!

Deutscher Prüfungsaufsatz, Gymnasium zu Berlin-Steglitz,
den 20.1.1936

„Vorwärts, vorwärts! schmettern die hellen Fanfaren, vorwärts, vorwärts! Jugend kennt keine Gefahren, Deutschland du wirst leuchtend stehn, mögen wir auch untergehn!“

Mit diesem Sturmlied auf den Lippen und den Sturm und Drang der Jugend im Herzen, zogen die besten deutschen Jungen in Kampf und Gefahr um ein neues leuchtendes Deutschland, um die Idee ihres Führers Adolf Hitler. Gerade dieser Tage gedenken wir eines Kameraden von uns, eines wahrhaft jugendlichen Helden: Herbert Norkus[77], der am 24. Januar 1932 von marxistischen Deutschentfremdeten ermordet wurde. Indem wir sein Andenken bewahren, werden wir immer wieder erinnert, es war kein leichter Kampf und die besten Jungen fielen. Jedoch nach dem großen Sieg wollen wir nicht vergessen, daß es gilt, weiterzubauen, und daß gerade die Jugend eine wesentliche Stütze beim Aufbau des neuen Reiches ist.

Wir wollen durch unsere Arbeit in der Hitlerjugend zu wertvollen, deutschen Männern werden.

Mit diesem Satz könnte man die Ziele der heutigen Jugendbewegung überschreiben. Wir Hitlerjungen sind uns bewußt, daß auf unseren Schultern einst ein leuchtendes, freies Deutschland ruhen muß, denn „ wir sind der Zukunft Soldaten,

---

[76] Zit. nach: *W. Tormin*, Die Machtergreifung, S. 12.

[77] In den frühen Morgenstunden des 24. Januar 1932 wurde der 15-jährige Hitlerjunge Herbert Norkus im Moabiter Beusselkiez beim Verteilen von Flugblättern von mehreren KPD-Angehörigen überfallen und durch Messerstiche getötet. Die SA hatte im Beusselkiez ein Lokal der aus der SA ausgeschlossenen Stennes-Gruppe überfallen, die Stennes-Leute meinten nun, dass die ehemaligen Kameraden von der NSDAP eine „Abreibung“ verdient haben und informierten die Kommunisten, dass von Seiten der NSDAP am 24. Januar eine Flugblattaktion geplant sei. Kurz zuvor war es in der vornehmlich von Kommunisten bewohnten Laubenkolonie Felseneck zu wüsten Schlägereien zwischen SA und Kommunisten gekommen. Die SA hatte am 18. Januar in einer Schankwirtschaft einen Sturmabend abgehalten und beschlossen, anschließend auf dem Heimweg noch einen „kleinen Umweg“ durch die Laubenkolonie zu machen. Die Bilanz des Kampfes war fürchterlich. Zahlreiche Verletzte mussten in die Krankenhäuser eingeliefert werden, zwei erlagen ihren Verletzungen. Vgl. *Bernhard Sauer*, Goebbels' „Rabauken“. Zur Geschichte der SA in Berlin-Brandenburg. In: Berlin in Geschichte und Gegenwart. 25. Jahrbuch des Landesarchivs Berlin 2006, S. 133 ff.

Träger der kommenden Taten!“ Welch ungeheure Pflichten wachsen nicht da vor jedem einzelnen von uns Jungen auf! Es heißt nicht Kampf allein, es heißt Arbeit an sich selbst und als Jugendführer an jedem einzelnen Jungen, der einem anvertraut ist.

Sehen wir auf unsere germanischen Vorfahren, so finden wir von ihnen viele Grundsätze vertreten, die für unser Handeln richtungsweisend sein müssen, die zu lernen und zu fördern unser Sinn ist. Sie sollen uns in der Jugend für das Alter eingewurzelt werden, damit wir wahrhaft Glieder des Volksganzen werden, um Ewigkeit wirken zu können, indem diese Gedanken von uns auf kommende Generationen übermittelt werden und Volksgut werden.

Durch Pflegen und Erwecken der Kameradschaft schon in der kleinsten Gruppe der Hitlerjugend lernen wir Treue auch für das spätere Leben, Treue, die Ureigenschaft alles Germanischen. – *Das Wort Treue bedeutet im Germanischen „Vertrag“!, läßt sich also nicht ohne weiteres mit unserem heutigen Begriff gleichsetzen.* – „Dir selbst sei treu und treu den anderen!“. Durch die Treue zum Führer sind wir alle zusammengeschweißt, durch die Treue zum Deutschen Volk einen sich unsere jugendlichen Ziele. Und im Dienst der Gemeinschaft uns selber treu zu werden, ist unser höchstes Ziel, indem wir uns selbst opfern, das persönliche „Ich“ zurückstellen und das gemeinsame „Wir“ betrachten, den Sinn der Volksgemeinschaft erkennen und in die Tat umzusetzen bestrebt sind. Wir erkennen, daß wir als Volk der Deutschen untrennbar zusammengehören durch Blut und Boden. Wenn wir dieses Gedankengut später in die Tat umsetzen, so werden wir des Volkes bestes Mark fördern und erhalten.

Dazu lernen wir die oberste Pflicht für eine Gemeinschaft: sich unterordnen zu können unter höheren Befehl, sich hinzugeben für eine große Idee. Zum selbstverständlichen, freiwilligen Gehorsam kommt die Selbstzucht. Denn jeder deutsche Junge muß Herr seiner selbst sein, sich selbst befehlen können und in allen Lebenslagen seine Haltung zu bewahren wissen. Wir stählen uns geistig und körperlich durch Sport und Wissenschaft, denn die ernste Zeit verlangt von uns ganze Kerls, denn Mensch sein heißt Kämpfer sein. Goethe äußerte den Wunsch, daß sein Grabstein mit folgenden Worten beschriftet würde:

„Machet nicht viel Federlesen. Schreibt auf meinen Leichenstein: Dieser ist ein Mensch gewesen, und das heißt: ein Kämpfer sein.“

„Unser Gebet ist der Kampf“ heißt das Leitwort der heutigen Jugend. Kampf ums tägliche Brot! Kampf um Stellung und Unterkommen! Kampf allen volksfremden Elementen, dem Lug und Trug der Welt! Wir Jungen sind bereit!

Denn wir haben als leuchtendes Vorbild unseren Führer. Sein Leben war ein Kampf, und er wird weiterkämpfen, voll unterstützt durch seine Jugend. Wie leuchten seine Augen, wenn er am 1. Mai durch die zum Appell angetretenen Reihen der Jugend fährt, wenn er auf dem Parteitag in Nürnberg stürmisch begrüßt seiner Jugend die Ziele steckt: „Die Deutsche Jugend soll sein: Flink wie die Windhunde, zäh wie Leder und hart wie Kruppstahl!“ und wenn dann die sechs Millionen deutscher Hitlerjungen ihre Arme zum Treueschwur emporreißen in dem Bekenntnis:

„Führer Dir gehören wir, wir Kameraden Dir!"

Nur eine gefestigte Jugend kann Deutschlands spätere Stütze sein. Sie kann getrost das Schiff des Staates lenken, denn sie hat früh gelernt, was ihr Volk von tiefster Schmach zum hellsten Glanze führte!

„Wir Jungen führen das Steuer, der Weg geht geradeaus, das Ziel liegt voraus: Deutschland!"

*

Die äußere Glätte der Darstellung darf nicht darüber hinwegtäuschen, daß die Ausführung eigentlich nur aus allgemeinen, z.T. reichlich blassen Erwägungen besteht und überall da Halt macht, wo faßbares und anschauliches Beispiel einsetzen müsste.

genügend

Klassenleistungen:

nur i.g. genügend.

gez. Dr. R.

***

„Durch die Treue zum Führer sind wir alle zusammengeschweißt (...)." „Unser Gebet heißt der Kampf." Diese ständige Propaganda zeigte Erfolg. Im Krieg wurde die HJ dann mit der Situation konfrontiert, für die sie ideologisch geschult worden war. Die zahlreichen Kriegsverluste wurden in der HJ als Erscheinungsformen des Heldentums vermittelt: „Die Schrecken des Krieges" – so einer von ihnen – „störten uns Knaben nicht, sie zogen uns an. Daß unsere Väter einberufen wurden, schien nur recht und billig. Und der ‚Heldentod' gehörte dazu. Viele der Lieder, die wir in der Schule und später in der Hitlerjugend lernten, handelten von der Ehre, fürs Vaterland zu sterben: Die Fahnen wehten ins Morgenrot und leuchteten zum frühen Tod, heilig Vaterland war in Gefahren, mochten wir sterben, Deutschland stürbe nicht (...)."[78]

Bei der Jubiläumsfeier des Gymnasiums am 20. März 1936 waren 9 der 35 Abiturienten in der Aula schon nicht mehr anwesend. Sie absolvierten bereits ihre Ausbildung zum Offizier bei den verschiedenen Waffengattungen. Insgesamt beabsichtigten 14 Oberprimaner, Offizier zu werden. Viele von ihnen fanden im Krieg den Tod. Am 5. September 1939 starb der erste Jubiläumsabiturient. Er war Leutnant einer Panzerformation.

Drei Tage später fand eine feierliche Andacht in der Schule statt. „Herr Studienrat L. hielt sie", so heißt es in der Chronik des Schuljahres 1939/40, „und gab durch feingewählte Worte der ernsten Stunde die Weihe. Nach einem Orgelspiel sangen wir

---

[78] *Karl-Heinz Janßen*, zit. nach: *Arno Klönne*, Jugend im Dritten Reich, Lizenzausgabe München 1995, S. 137.

die Strophen des Liedes ‚Großer Gott, wir loben Dich‘ und hörten dann die Worte der Heiligen Schrift. (…) Zum Schluß beteten wir mit dem Sprecher der Andacht diese Worte: ‚Barmherziger Gott und Herr! Du hast unser Vaterland berufen, um ein freies und würdiges Dasein zu kämpfen, in welchem wir Dein Heil fördern könnten. Gib nun Heil und Gnade! Der Sieg kommt von Dir (…). Aber mit größerem Vertrauen als je, ja mit einem starken Glauben flehen wir von Dir Heil und Segen für die Waffen unseres Volkes und Vaterlandes, weil uns fast Dein Reich in Gefahr zu schweben scheint und die edelsten Gaben, die uns vergangene Jahrhunderte erworben haben, wenn diese Anstrengung vergeblich wäre. Schütze unseres Führers teures Haupt! Schenke Weisheit und Kraft den Heerführern, Mut den Kriegern, treue Ausdauer allen! (…) Mächtig und trutzig klang nach dem Amen das Lutherlied durch den Raum als unser Bekenntnis zu dem festen Glauben, daß diesmal *wir* Gottes Werkzeug sind. Im Anschluß an die Andacht widmete der Direktor den ehemaligen Schülern, deren Heldentod bis zu diesem Tage schon bekannt geworden war, Worte dankbaren Gedenkens. Wir sangen zum Abschluß unserer Feier zum ersten Male in diesem Kriege das schlichte und ergreifende Soldatenlied ‚Ich hatt’ einen Kameraden‘.“[79]

8. „Aufrichtige und völlige Hingabe ist eine Tugend vor allen Tugenden. Kein Werk von Belang kann ohne sie zustande kommen.“ (Nachgewiesen an einer großen Persönlichkeit)

Deutscher Prüfungsaufsatz, Gymnasium zu Berlin-Steglitz,
den 31. 1. 1938

Noch kein Mensch hat ohne die völlige Hingabe seiner Person für eine Idee jemals ein großes Werk geschaffen. Von jedem großen Mann, der von der Nachwelt gerühmt wird, weiß man, daß er, durchdrungen von seiner Aufgabe, seine ganze Kraft zur Erreichung seines Zieles einsetzte.

Aber nicht nur in der Vergangenheit lebten solche Menschen, nein, auch in der Gegenwart gibt es Männer, die ihr ganzes Leben einem Ziele verschrieben haben. Das sieht man am eindeutigsten an unserem Führer Adolf Hitler. Er, der kleine, unbedeutende Frontsoldat, wagt es, gegen die bestehenden Regierungen eine Partei zu gründen, wagt es, jeder Anfeindung zu trotzen und sein Programm durchzusetzen.

Mit einer kleinen Gruppe von sieben Männern gründet er seine Partei und beginnt den Kampf um Deutschland, um ein Deutschland, das die Ketten des Versailler Diktates trägt, das, von Bürgerkrieg und Revolten geplagt, ein Spielball seiner Feinde ist. In dieser Zeit der tiefsten Erniedrigung erhebt sich ein Mann aus dem Volke, um Deutschland zu befreien und stark zu machen.

---

[79] Zit. nach: *P. Nolte*, 50 Jahre Gymnasium Steglitz, S. 264 f. Hervorhebung im Original.

Hitlers Unternehmen war durchaus nicht von Anfang an das Zeichen des Sieges aufgedrückt, nein, jeder hielt die Partei für das Werk eines überspannten Fanatikers. Nur Leute, die noch die Liebe zur Heimat und zur Nation beseelte, verstanden etwas von dem Programm des Nationalsozialismus. Mit ungeheurer Zähigkeit mußte Hitler um jeden Mann kämpfen, mußte er sich selbstlos jeder Gefahr aussetzen und alles ertragen. – *Genauer! Etwa „Anfeindungen und Rückschläge" oder „den Haß und die Niedertracht seiner Gegner"*. – Wenn aber die Partei des Führers dennoch den Sieg errang und ihre Grundsätze zu denen des ganzen deutschen Volkes machte, so ist das nur dem unerschütterlichen Willen und der Energie des Führers zu verdanken, der geradezu verbissen sein Hakenkreuz durch alle Stürme und Gefahren der Zeit trug und durch seine überragende Persönlichkeit die Massen des deutschen Volkes für sich gewann. Nur das Festhalten an der Idee und die aufrichtige Hingabe hat ihn zu einem so großen Mann gemacht; mancher andere hätte vielleicht in der Zeit der Festungshaft den Mut sinken lassen, hätte sich zurückgezogen und die Partei nicht wieder neu gegründet. Dieses Verharren ist nicht leicht, nicht jedermann kann das, sondern nur von Gott begnadete Persönlichkeiten sind dazu in der Lage. Diese Hingabe ist eine Tugend, ja sie ist die oberste, am schwersten zu erreichende Tugend. Denn sie verlangt neben dem Mut auch den restlosen Einsatz des Lebens. Daß Hitler als Frontsoldat den Tod nicht fürchtet, hat er ja eindeutig durch den Marsch zur Feldherrenhalle bewiesen.

Als Adolf Hitler nun die Macht übertragen war, da gebrauchte er sie ganz anders als seine Vorgänger. Nicht zu Klassenkämpfen und Reichstagsdiskussionen gebrauchte er sie, nein, Adolf Hitler hatte höhere Ziele, Deutschlands Wiederaufstieg. Mit derselben Entschlossenheit, mit der er den Kampf um die Herzen des deutschen Volkes geführt hatte, beginnt er die Aufbauarbeit. Mit noch größerer Hingabe arbeitet er jetzt für Deutschlands Aufstieg. Wenn auch oft andere Männer die ausführenden Personen sind, so steht doch hinter allen der Führer. So werden die Ketten von Versailles gebrochen und Deutschlands Wehrfreiheit geschaffen, so wird die Arbeitslosenzahl verringert und so fort.

Das Deutsche Volk sieht diese aufrichtige Treue und Hingabe des Führers und noch viel mehr, es spürt sie auch. Der deutsche Arbeiter hat wieder Arbeit und Brot, er kann seine Familie ernähren und ist glücklich. Genau so geht es den anderen Ständen. So hat jeder Deutsche heute wieder Arbeit und Brot.

Das alles darf man nicht als selbstverständlich hinnehmen, so als wäre es immer so gewesen. Um zu sehen, wie es früher war, braucht man nur über Deutschlands Grenzen zu sehen und man erblickt Streiks, Kampf und Aufruhr. Daß wir in unserem Vaterland Ruhe und Ordnung haben, ist das Verdienst des Führers. Das bedeutet also: „Hitler hat durch seinen Fleiß, durch seine Arbeit und seine Hingabe ein Deutschland geschaffen, das im Inneren einig, in der Welt wieder zu Ansehen gekommen ist, das in der Weltpolitik eine Rolle spielt und aufgehört hat, ein Spielball in der Politik der Großmächte zu sein."

Wenn also Hitler es gelungen ist, ein Werk von Bedeutung und Macht zu errichten, so war das nur möglich durch seine völlige Hingabe für die Idee des Nationalsozialismus.

*

Ohne in die Tiefe zu dringen, hat Verf. seine Aufgabe im großen und ganzen zufriedenstellend gelöst. Nicht immer ist die Beziehung zum Thema gewahrt, recht oft zeigt es sich, daß Verf. über eine oberflächliche Betrachtung der Dinge nicht hinaus zu kommen vermag. Der Ausdruck ist sehr unbeholfen.

Genügend.

Klassenleistungen: genügend.

Gez. Dr. G., Studienassessor.

***

Die politische Laufbahn Hitlers, die ihn vom sozial deklassierten Insassen Wiener und Münchener Männerheime, vom richtungslosen Dasein des Gelegenheitsmalers und Kaffeehausbesuchers zum Kanzler des Deutschen Reiches emporführte, gehört zu den erstaunlichsten und beunruhigendsten Karrieren der Weltgeschichte. Zweifelsohne besaß Hitler eine überdurchschnittliche demagogisch-rhetorische Begabung und ein gehöriges Maß an Verschlagenheit und Skrupellosigkeit. Zugleich konnten sich Hitler und seine Anhänger auf eine in weiten Teilen der Bevölkerung verbreitete nationalkonservative Einstellung stützen.[80] Weite Teile der Bevölkerung mochten sich ebenfalls nicht mit den Ergebnissen des Ersten Weltkrieges abfinden; sie waren von der Unschuld des Deutschen Reiches am Ausbruch des Weltkrieges überzeugt. Die Propaganda des wilhelminischen Deutschland, wonach Deutschland als der schuldlos Angegriffene, als der zum Krieg Gezwungene dastand, wirkten nach. Dokumente über die deutsche Kriegszielpolitik und deutsche Eroberungspläne widerlegen diese Auffassung.[81]

Eine weit verbreitete Ansicht war ferner, dass Deutschland auf dem Schlachtfeld unbesiegt geblieben sei, den Krieg eigentlich gar nicht verloren habe. Auch dies ist

---

[80] Siehe dazu auch: *W. Hofer*, Die Diktatur Hitlers, S. 5.

[81] Während der Weimarer Republik wurde vom Auswärtigen Amt ein Untersuchungsausschuss eingesetzt, der sich mit der Kriegszielpolitik des Kaiserreiches beschäftigen sollte. Ziel war es, die deutsche Unschuld am Ausbruch des Ersten Weltkrieges zu belegen, um bei den Folgeverhandlungen zum Versailler Friedensvertrag günstigere Bedingungen für die Weimarer Republik aushandeln zu können. Als jedoch der Untersuchungsausschuss 1932 fünf Bände mit Dokumenten über die deutsche Kriegszielpolitik im Weltkrieg veröffentlichen wollte, legte das Kriegsschuldreferat sein Veto ein mit der Begründung, die Dokumente über deutsche Eroberungspläne im Krieg müssten die deutsche Unschuldskampagne ad absurdum führen. Die Veröffentlichung der Dokumente unterblieb. Später hat der Historiker *Fritz Fischer* mit seinen Veröffentlichungen „Griff nach der Weltmacht. Die Kriegszielpolitik des kaiserlichen Deutschland 1914/1918“, Düsseldorf 1961, und „Krieg der Illusionen. Die deutsche Politik von 1911 bis 1914“, Düsseldorf 1969, einen Teil dieser Dokumente ausgewertet. Die Thesen Fischers lösten in den sechziger Jahren eine heftige Debatte aus, sie werden heute weitgehend geteilt.

eine Legende.[82] Schließlich wurde behauptet, dass Deutschland nur deshalb den Krieg verloren habe, weil „die Heimat" den siegreich kämpfenden Truppen in den Rücken gefallen sei. Als General Paul v. Hindenburg am 18. November 1919 vor dem Untersuchungsausschuss der Nationalversammlung das Wort vom „Dolchstoß" gebrauchte, wurde dies sofort von der gesamten nationalen Rechten aufgegriffen. „Der Jude" sei es letztlich gewesen, der dem auf dem Schlachtfeld unbesiegt gebliebenen deutschen Heer in den Rücken gefallen sei. Der Antisemitismus wurde das entscheidende Bindeglied der verschiedenen nationalistischen und völkischen Gruppierungen.

Auf diese Stimmung in weiten Bevölkerungskreisen konnte sich Hitler bereits während des „Hitler-Putsches" und des anschließenden Prozesses stützen. In geschickter Weise gelang es ihm, aus einem persönlichen und politischen Fiasko einen politischen Triumph zu machen. Es war keineswegs so, wie in dem Aufsatz ausgeführt, dass „Hitler als Frontsoldat den Tod nicht fürchtet", was er „eindeutig durch den Marsch zur Feldherrenhalle bewiesen" habe. Als es in der engen Residenzstraße, die zum Odeonsplatz führte, zum Schusswechsel kam, verlor Hitler die Nerven. Während Ludendorf ruhig weiter marschierte, die Polizeikette durchdrängte und als einziger den Odeonsplatz erreichte, machte sich Hitler in einem Auto davon, die Toten und Verwundeten sowie eine desorientierte Anhängerschaft sich selbst überlassend. Der Freikorpsführer Gerhard Roßbach, am Marsch zu der Feldherrenhalle beteiligt, behauptete später, dass von diesem Tage an der Nimbus um Hitler bei ihm langsam zu verblassen begann.[83] Dennoch gelang es der nationalsozialistischen Propaganda, aus Hitler einen unerschrockenen Führer zu machen, der kein Opfer, ja nicht einmal das eigene Leben scheute, wenn es um „Deutschland" ging.

In dem anschließenden Hochverratsprozess bestritt Hitler keineswegs seine Absicht, die Reichsregierung in einem „Marsch auf Berlin" stürzen zu wollen. Des Hochverrats könne er sich allerdings nicht für schuldig bekennen. „Es gibt keinen Hochverrat bei einer Handlung, die sich gegen den Landesverrat von 1918 wendet."[84]

---

[82] Als Reichspräsident Friedrich Ebert am 23. Juni 1919, dem Tag, an dem die Frist für die Annahme des Friedensvertrages der Alliierten ablief, die Oberste Heeresleitung (OHL) anrief, erklärte Wilhelm Groener für die OHL kurz und bündig: „Die Wiederaufnahme des Kampfs ist nach vorübergehenden Erfolgen im Osten im Enderfolg aussichtslos. Der Friede muß daher unter den vom Feinde gestellten Bedingungen abgeschlossen werden." *Dorothea Groener-Geyer*, General Groener, Soldat und Staatsmann, Frankfurt a. M. 1954, S. 161.

[83] *Gerhard Rossbach*, Mein Weg durch die Zeit. Erinnerungen und Bekenntnisse. Weilburg/Lahn 1950, S. 49 f. Der Freikorpsführer Gerhard Roßbach gehörte zu den wichtigsten Personen der rechtsradikalen Bewegung in Norddeutschland. Er gründete hier zahlreiche Ortsgruppen der NSDAP, in Berlin wurde am 19. November 1922 unter seiner Leitung die „Großdeutsche Arbeiterpartei" ins Leben gerufen, eine Ersatzorganisation für die in Preußen nach dem Rathenaumord verbotene NSDAP. Zu Roßbach siehe: *Bernhard Sauer*, Gerhard Roßbach – Hitlers Vertreter für Berlin. Zur Frühgeschichte des Rechtsradikalismus in der Weimarer Republik, in: Zeitschrift für Geschichtswissenschaft (ZfG) 50. Jahrgang 2002, Heft 1.

[84] Dies war die Hauptargumentationslinie in Hitlers Verteidigung. Seine Verteidigungsreden wurden zu Anklagereden gegen das „System der Novemberverbrechen", gegen die

Vor einem wohlwollenden Gericht stellte Hitler die Dinge so dar, dass nicht er der eigentliche Angeklagte sei, sondern Kahr und Lossow, die die „nationale Revolution" verraten hätten. Wie Hitler in Teilen der Bevölkerung gesehen wurde, wird auch aus der Begründung des Strafantrages des Staatsanwalts deutlich: „Hitler ist aus einfachen Verhältnissen hervorgegangen, er hat im großen Krieg als tapferer Soldat seine deutsche Gesinnung bewiesen und nachher aus kleinsten Anfängen heraus in mühsamer Arbeit eine große Partei, die ‚Nationalsozialistische Deutsche Arbeiterpartei', geschaffen, wobei die Bekämpfung des internationalen Marxismus und Judentums, die Abrechnung mit den Novemberverbrechern und die Ausbreitung des nationalen Gedankens in allen Volkskreisen, besonders auch in der Arbeiterschaft, die wesentlichen Programmpunkte waren. Über seine Parteipolitik habe ich kein Urteil zu fällen, sein ehrliches Streben aber, in einem unterdrückten und entwaffneten Volke den Glauben an die deutsche Sache wieder zu erwecken, bleibt unter allen Umständen ein Verdienst. (...) Sein Privatleben hat er stets rein erhalten, was bei den Verlockungen, die an ihn als gefeierten Parteiführer naturgemäß herantraten, besondere Anerkennung verdient (...). Hitler ist ein hochbegabter Mann, der aus einfachen Verhältnissen heraus sich eine angesehene Stellung im öffentlichen Leben errungen hat, und zwar in ernster und harter Arbeit. Er hat sich den Ideen, die ihn erfüllten, bis zur Selbstaufopferung hingegeben und als Soldat in höchstem Maße seine Pflicht getan. Daß er die Stellung, die er sich schuf, eigennützig ausnützte, kann ihm nicht zum Vorwurf gemacht werden. Auch bei der Tat, die jetzt abzuurteilen ist, war nicht so sehr persönlicher Ehrgeiz, wenn er auch zweifellos eine Rolle mitspielte, als höchste Begeisterung für die deutsche Sache als Beweggrund ausschlaggebend. Als Mensch können wir Hitler unsere Achtung nicht versagen (...)."[85]

Auf der Festung Landsberg genoss Hitler geradezu einen erholsamen Aufenthalt. In dem großen Aufenthaltsraum, in dem Hitler seine Gäste empfing, prangte die Hakenkreuzfahne. Am 8. November 1924 wurde dort eine Gedenkfeier abgehalten. Hitler hatte nun Muße – wie er selbst höhnisch bemerkte – ein „Hochschulstudium" auf Staatskosten zu genießen.[86]

9. Das Heer als Schule der Volksgemeinschaft

Deutscher Prüfungsaufsatz, Gymnasium zu Berlin-Steglitz,
den 4. 2. 1938

Harter Marschtritt feldgrauer Kolonnen dröhnt auf dem Pflaster ... Das Gewehr über der Schulter, den Stahlhelm tief im Gesicht, mit gepacktem Affen, so ziehen

„Sklaven des Versailler Diktats". Dies verschaffte ihm Sympathien in bürgerlich-konservativen Kreisen.

85 Begründung des Ersten Staatsanwalts Ludwig Stenglein vom 21. März 1924, zit. nach: *Heinrich Bennecke*, Hitler und die SA, München 1962, S. 103 f.

86 Vgl. *K. D. Bracher*, Die deutsche Diktatur, S. 139.

Kompanie auf Kompanie vorbei. Ja, wir alle sind stolz auf sie, unsere Soldaten, stolz, daß der Führer durch seine kühne Tat vom März 1935 aus einem kleinen Berufsheer ein mächtiges deutsches Volksheer geschaffen hat, in dem jeder Deutsche wieder mit der Waffe in der Hand den deutschen Lebensraum verteidigen kann. Mit diesem neuen Heer wurde uns aber nicht allein ein Machtmittel ersten Ranges wiedergeschenkt, sondern auch ein Erziehungsfaktor, der nicht zu unterschätzen ist.

Dieses neue Heer ist noch stärker auf dem Boden der Volksgemeinschaft aufgebaut, erzieht den deutschen Menschen noch strenger zu diesem Grundsatz, als es das Heer des Vorkriegsdeutschland konnte. – *„Volksgemeinschaft" war kein Erziehungsziel des alten Heeres.* – Auch das Vorkriegsheer war ohne Zweifel eine Schule, durch die der junge Mann zu Pflicht und Gehorsam erzogen wurde. Da in der damaligen Zeit die Trennung zwischen den einzelnen Schichten aber größer war, machte sich diese auch stärker im Heer bemerkbar. Schon die Heraushebung des „Einjährigen-Freiwilligen" aus dem Kreise seiner Kameraden, die nur dadurch bedingt war, daß er die „Mittlere Reife" hatte,ʹwar nicht dazu angetan, in diesem Punkt das Gemeinschaftsgefühl besonders zu stärken. Außer der einseitigen Begünstigung, daß er nur ein Jahr zu dienen brauchte, kam als zweite, daß er während seiner Dienstzeit in einer Privatwohnung in der Nähe der Kaserne wohnen durfte. Es konnte sich also gar nicht zu einem besseren Sichkennenlernen mit Angehörigen anderer Berufe und anderer sozialen Schichten kommen.

Auch die Hinzuziehung von Juden zum Dienst mit der Waffe ließ den Gemeinschaftsgedanken bereits im Keime ersticken; denn sie wirkten als Angehörige einer Rasse, die gerade nicht die besten Tugenden in sich vereinigt, bewußt störend unter den deutschen Soldaten. All diese Männer waren aber in den ersten Augusttagen beseitigt, und die deutsche Arbeiterschaft bewies, daß Wilhelms II. Ausspruch, daß die Arbeiter vaterlandslose Gesellen seien, unrichtig war; und ebenfalls kann der Tag von Langemarck dafür gewertet werden, daß auch die akademische Jugend Deutschlands im Dienst für ihr Volk kämpfen und sterben konnte. Das Schützengrabenerlebnis hatte das Volk zusammengeschweißt. – *Die beiden oben angeführten Beispiele sind aber für diese Behauptung kein Beweis.* – Daß dann dem kämpfenden Heere aus dem Hinterlande der tödliche Dolchstoß versetzt wurde, kann auch nur so gedeutet werden, daß die Arbeiter in der Heimat nicht in der Armee und in den gemeinsamen Strapazen des Feldzuges jenes erhebende Gefühl erlebt hatten, ein Bindeglied der Volksgemeinschaft zu sein. – *Nur die Arbeiter?* –

Und dann kam das Ende … Ein Diktat wurde Deutschland auferlegt, das jedem, der deutsch fühlte, die Schamröte ins Gesicht treiben konnte. An die Stelle eines Volksheeres war ein Berufsheer getreten; das Heer wurde ein Staat im Staat. Und jetzt wurde vielen erst langsam klar, was man mit dem alten Heer aus der Vorkriegszeit verloren hatte. Die Fabriken feierten, die Zahl der Arbeitslosen wuchs.

Halbwüchsige verbrachten ihre Zeit damit, vor den Wohlfahrtsämtern Karten zu spielen oder ihre Unterstützungsgelder in Zigaretten anzulegen. Die Deutsche Jugend mußte verkommen, da die harte Schule militärischer Erziehung in Fortfall gekommen war. Volksfremde Elemente, die in dieser Zeit deutschen Niederganges aufgetaucht waren und mit fremdem Geld bezahlt wurden, griffen in unglaublichster Weise das Heer an. Sie hatten ja kein Interesse daran, daß das Heer wieder einen entscheidenden Einfluß auf die Erziehung unseres Volkes zu einer Einheit bekommen sollte, da ihre dunkle Rolle dann ausgespielt wäre.

Als 1933 Adolf Hitler auf völlig legalem Wege die Macht erlangt hatte, da das deutsche Volk in seinen nationalen Bestandteilen dem verantwortungslosen Treiben der Weimarer Regierung nicht länger zusehen wollte, sah er völlig klar, daß ein Heer geschaffen werden müsse, das nicht allein in der Verteidigung des Vaterlandes, sondern auch in der Erziehung der heranwachsenden deutschen Jugend seine Aufgabe zu erblicken habe.

Jetzt wird jeder aus dem persönlichen Erleben unter Kameraden sich von Vorurteilen freimachen können, die sich ihm vielleicht im Laufe der Jahre auferlegt haben. Jetzt erfüllt der Akademiker und der Arbeiter, jeder an seinem Platz, seine Pflicht für sein Volk, und hier ergänzt einer den anderen und lernt so die wahre Volksgemeinschaft kennen.

Der Nationalsozialismus hat völlig richtig die Fehler des Vorkriegsheeres erkannt, die dem Gemeinschaftsgedanken im Wege standen. Es gibt heutzutage nicht mehr einen „Einjährig-Freiwilligen", der irgendwelche Bevorzugungen genießt. Der Jude ist aus dem Heer verschwunden und kann daher nicht mehr durch sein artfremdes Wesen stören. Helle, freundliche Kasernenbauten nehmen heute den Soldaten des Dritten Reiches auf, um bei ihm schon von vornherein die Lust am Soldatentum zu wecken. Unbegrenzt sind heute die Möglichkeiten zur Freizeitgestaltung. Alle möglichen Arten der Leibesertüchtigung können betrieben werden, wie Schwimmen, Segeln oder Segelfliegen. All diese Einrichtungen lassen aber auch erkennen, wie hoch der Staat die Erziehungsarbeit des Heeres zu würdigen weiß. Hier wird eben bewußt daraufhin gearbeitet, in diesen Kasernen einen neuen Menschentyp zu erziehen, der das Gemeinschaftsgefühl in sich so fest verankert hat, daß er davon sein ganzes Leben lang nicht wieder loskommt.

Auch für uns, die Nachkriegsgeneration, ist der Augenblick bereits sehr nahe gerückt, in dem auch wir in die Kasernen einrücken werden, um unsere Pflicht an unserer Volksgemeinschaft zu erfüllen. Gerade wir, die wir, wenn vielleicht auch noch nicht mit wachen Sinnen, die Wirren der Nachkriegszeit und die innere Zerrissenheit eines Volkes erlebt haben, können stolz darauf sein, in einer Gemeinschaft junger Deutscher das Wesen und Wirken einer wahren Volksgemeinschaft kennenzulernen, die sich auch in unserem Volk immer mehr durchzusetzen beginnt.

*

Der Mittelteil (II) zerreißt die ganze Arbeit. Hier ist plötzlich ein ganz neues Thema (der Wehrgedanke) angeschnitten, das vielleicht als Einleitung geeignet wäre, mit der Frage der Volksgemeinschaft jedoch nicht zu tun hat. Der eigentliche Hauptteil (III) kommt darüber viel zu kurz. Verf. hat sich, wie der Entwurf zeigt, zunächst für kein Thema recht entschließen können; hieraus erklärt sich wohl der wenig durchdachte Aufbau. Da das Thema immerhin nicht völlig verfehlt ist und die stilistisch gewandte Darstellung anzuerkennen ist, kann die Arbeit

„genügend"

genannt werden.

Klassenleistungen: Gut.

gez. Dr. G., Studienassessor

***

Hitler hat sich in „Mein Kampf" auch ausführlicher zum Heer geäußert. Dabei stellte er das Heer der Kaiserzeit als vorbildlich dar. Es sei die „gewaltigste Schule der deutschen Nation" gewesen. „Was das deutsche Volk dem Heere verdankt, läßt sich kurz zusammenfassen in ein einziges Wort, nämlich: Alles."[87] Das Heer sei die Schule gewesen, „die den einzelnen Deutschen noch lehrte, das Heil der Nation nicht in den verlogenen Phrasen einer internationalen Verbrüderung zwischen Negern, Deutschen, Chinesen, Franzosen, Engländern usw. zu suchen, sondern in der Kraft und Geschlossenheit des eigenen Volkstums."[88] Vor allem im Weltkrieg habe sich das Heer bewährt. „Mögen Jahrtausende vergehen, so wird man nie von Heldentum reden und sagen dürfen, ohne des deutschen Heeres des Weltkrieges zu gedenken."[89] Nicht das Heer sei schuld an der deutschen Niederlage im Ersten Weltkrieg. „Es gehört schon", so Hitler, „eine wahrhaft jüdische Frechheit dazu, nun der militärischen Niederlage die Schuld am Zusammenbruch beizumessen (...)."[90] „Die Niederlagen auf dem Schlachtfelde im August 1918", so fuhr Hitler fort, „wären spielend leicht zu ertragen gewesen. Sie standen in keinem Verhältnis zu den Siegen unseres Volkes. Nicht sie haben uns gestürzt, sondern gestürzt wurden wir von jener Macht, die diese Niederlagen vorbereitete (...)."[91] Während die Front, so Hitler, „die letzten Vorbereitungen zur endlichen Beendigung des ewigen Kampfes vornahm (...), brach in Deutschland das größte Gaunerstück des ganzen Krieges aus. Deutschland sollte nicht siegen: in letzter Stunde, da der Sieg sich schon an die deutschen Fahnen zu heften drohte, griff man zu einem Mittel, das geeignet erschien, mit einem Schlage den deutschen Angriff des Frühjahrs im Keime zu ersticken, den Sieg unmöglich zu machen: Man organisierte den Munitionsstreik."[92]

Das deutsche Volk habe jedoch in jenen Schicksalstagen „den inneren Feind" nicht erkannt. „Ein einziger focht in diesen langen Jahren mit unerschütterlicher Gleichmäßigkeit, und dies war der *Jude.* Sein Davidstern stieg im selben Maße

---

[87] *A. Hitler*, Mein Kampf, S. 306.

[88] Ebd.

[89] Ebd., S. 182.

[90] Ebd., S. 248.

[91] Ebd., S. 359.

[92] Ebd., S. 213.

immer höher, in dem der Wille zur Selbsterhaltung unseres Volkes schwand."[93] Den „Vorwärts" nannte Hitler das Zentralorgan aller Landesverräter.[94] Der verlorene Krieg war „nur die Folge ihres Wirkens".[95] „Was wir heute um uns und in uns erleben müssen, ist nur der grauenvolle, sinn- und vernunftszerstörende Einfluß der Meineidstat des 9. November 1918."[96] Hitler zieht daraus den Schluss: „Nur die Beseitigung der Ursachen unseres Zusammenbruchs sowie die Vernichtung der Nutznießer desselben kann die Voraussetzung zum äußeren Freiheitskampf schaffen."[97]

In dem Maße nun, in dem Hitler den kommenden Krieg vorbereitete, wurden Juden aus allen Bereichen des öffentlichen Lebens vertrieben. Das Jahr 1918 – so Hitler – dürfe „sich in der Geschichte niemals wiederholen".[98] Da nach seiner Vorstellung das Judentum bei kriegerischen Auseinandersetzungen ein besonderes Gefahrenmoment darstellen würde, wurden Juden zunehmend isoliert und aus den Institutionen eliminiert, nicht nur aus dem Heer. Auch aus der Schule war der Jude „verschwunden". Am 30. Januar 1933 hatten 17 Schüler jüdischen bzw. mosaischen Glaubens das Gymnasium Steglitz besucht. Schon im August 1933 verließen die ersten von ihnen die Schule. Die tagtägliche Angst, die allgegenwärtige Diskriminierung hatten die Eltern zu diesem Schritt veranlasst. Die restlichen jüdischen Schüler mussten die Schule verlassen, als nach der „Reichskristallnacht"[99] durch

---

[93] Ebd., S. 361, Hervorhebung im Original.

[94] Ebd., S. 248.

[95] Ebd., S. 249.

[96] Ebd., S. 713.

[97] Ebd., S. 680.

[98] Hitler in einem Gespräch mit dem südafrikanischen Verteidigungs- und Wirtschaftsminister Pirow am 24. November 1938. Zit. nach: *Uwe Dietrich Adam*, Judenpolitik im Dritten Reich, Düsseldorf 2003, S. 164. In „Mein Kampf" führte Hitler dazu aus: „Es ist geschichtlich einfach nicht denkbar, daß das deutsche Volk noch einmal seine frühere Stellung einnehmen könnte, ohne mit denen abzurechnen, die die Ursache und Veranlassung zu dem unerhörten Zusammenbruch gaben, der unseren Staat heimsuchte." *A. Hitler*, Mein Kampf, S. 367. „Denn niemals", so Hitler an einer anderen Stelle, „sind wir in unserer Geschichte durch die Kraft unserer Gegner besiegt worden, sondern immer nur durch unsere eigenen Laster und durch die Feinde in unserem eigenen Lager." (Ebd., S. 775).

[99] In der Nacht vom 9. zum 10. November 1938 wurden in fast ganz Deutschland Synagogen in Brand gesteckt, über 7000 jüdische Geschäfte zerstört. Die Feuerwehr hatte Anweisung, nur benachbarte Gebäude zu schützen, zahlreiche Wohnungen und Geschäfte wurden ausgeplündert und verwüstet, einzelne Juden öffentlich misshandelt und gedemütigt.

Den Vorwand für die inszenierten Ereignisse bildete das Attentat des 17-jährigen Herschel Grünspan auf den deutschen Diplomaten Ernst vom Rath in der deutschen Botschaft in Paris am 7. November. Herschel Grünspan hatte mit seiner Tat gegen die Deportation von 17.000 Ostjuden aus Deutschland an die polnische Grenze protestieren wollen. Bereits einen Tag darauf schrieb der „Völkische Beobachter": „Es ist klar, daß das deutsche Volk aus dieser neuen Tat seine Folgerungen ziehen wird." Das oberste Parteigericht zählte später 91 „Tötungen" während des Progromgeschehens – die wirkliche Zahl der Todesopfer dürfte weit darüber liegen. Die Täter gingen straffrei aus. „Der Sachschaden von mehreren hundert Millionen Reichsmark wurde durch Beschlagnahme der Versicherungsleistungen den Juden aufgebürdet, die außerdem gemeinsam eine ‚Sühneabgabe' von über einer Milliarde Reichsmark erbringen mussten."

Gesetz vom 15. November 1938 „es keinem deutschen Lehrer und keiner deutschen Lehrerin mehr zugemutet werden“ kann, „an jüdischen Schulkindern Unterricht zu erteilen“, und deutschen Schülern und Schülerinnen, „mit Juden in einem Klassenraum zu sitzen“.[100] Der letzte jüdische Abiturient war Hans Schäffer. In dem Gutachten der Klassenkonferenz vom 20. Dezember 1935, welches nach der Meldung zur Reifeprüfung erstellt wurde, heißt es: „Hans Schäffer ist ein äusserst intelligenter strebsamer Schüler, der sich in allen Fächern durch Kenntnisse und Teilnahme am Unterricht auszeichnete. Wenn er auch als Nichtarier stark unter den Zeitverhältnissen litt, so war sein Verhalten in jeder Hinsicht korrekt, weshalb er die Klassengemeinschaft niemals störte.“[101] Das Abiturzeugnis vom 19. Februar 1936 enthält den Vermerk: „H. Schäffer ist vielseitig begabt und sehr fleißig, vornehm – zurückhaltend und kameradschaftlich gesinnt.“[102] Die innere Befindlichkeit des Schülers kommt in dem für die Meldung zum Abitur erforderlichen Lebenslauf vom 30. November 1935 zum Ausdruck. Dort heißt es zum Schluss: „Doch dann kommt plötzlich der Bruch, der riesenhafte Bruch in meinem Leben, der die bisherigen Jahre jäh abreißt und zunichte macht und die künftigen hinter einer bitterschweren Wolke verbirgt. Aus allem, das ich glaubte und hoffte und liebte, werde ich ausgestoßen und verliere den Boden unter den Füßen (...). Es ist ein ungeheuer schweres Schicksal, das mit dumpfen Druck soviel erstickt im Innern; man kann es von außen nicht verstehen.“[103] Hans Schäffer konnte wenige Wochen vor Ausbruch des Zweiten Weltkrieges aus Deutschland entkommen.

Infolge der Novemberprogrome wurden ungefähr 26.000 jüdische Männer in die drei Konzentrationslager Dachau, Sachsenhausen und Buchenwald eingeliefert. *Wolfgang Benz*, Die 101 wichtigsten Fragen. Das Dritte Reich. 2. Auflage. München 2008, S. 97 f.

Die Progrome stießen in weiten Kreisen der Bevölkerung auf Abscheu. Der britische Geschäftsträger in Berlin schrieb am 16. November 1938: „Ich habe nicht einen einzigen Deutschen, gleich welcher Bevölkerungsschicht, angetroffen, der nicht in unterschiedlichem Maße zu mindesten mißbilligt, was geschehen ist. Aber ich fürchte, daß selbst die eindeutige Verurteilung von seiten erklärter Nationalsozialisten oder höherer Offiziere der Wehrmacht keinerlei Einfluß auf die Horde von Wahnsinnigen haben wird, die gegenwärtig Nazi-Deutschland beherrscht.“ Zit. nach: *Helmut Krausnick*, Judenverfolgung, in: Anatomie des SS-Staates, Bd. II, Freiburg 1965, S. 335.

[100] Zit. nach: *P. Nolte*, 50 Jahre Gymnasium Steglitz, S. 253.

[101] Zit. nach: ebd., S. 256.

[102] Zit. nach: ebd.

[103] Zit. nach: ebd., S. 255.

10. Deutschland kämpft für Europa

Deutscher Prüfungsaufsatz, Gymnasium zu Berlin-Steglitz,
den 4. 2. 1938

Drei Feinde bedrohen heute das europäische Leben: Der Bolschewismus, das Judentum und die schwarze Rasse. Während sich das übrige Europa diesen Gefahren gegenüber passiv verhält, sie ableugnet oder doch nur teilweise bekämpft, hat Deutschland allen Dreien zugleich den Kampf angesagt. Kein Land der Welt hat sich in den letzten Jahren stärker mit den europäischen Problemen beschäftigt als gerade Deutschland. Nur Deutschland hat ganz klar erkannt, worum es heute geht. Durch die Schriften des Führers und Alfred Rosenbergs sind wenigstens dem Deutschen Volke die Augen geöffnet worden, in welcher Gefahr es sich befand und Europa sich befindet. – *Doch nicht nur durch Schriften!* – Daraus, daß Deutschland in dieser Hinsicht weiter als das übrige Europa ist, erwächst ihm die Pflicht, die Zügel in Europa in die Hand zu nehmen und den Kampf gegen die drei Feinde zu führen, bis die Gefahr gebannt ist.

Es ist nicht das erste Mal in der Geschichte, daß Deutschland für Gesamteuropa eingetreten ist. Immer kam der gemeinsame Feind aus dem Osten. – *Und zwar aus Asien.* – Die Hunnen wurden von Deutschen abgewehrt, die orientalischen Araber von Karl Martell besiegt, die Ungarn zweimal auf deutschem Boden geschlagen, die Mongolen wurden, als sie über Europa hineinzubrechen drohten, an der deutschen Grenze aufgehalten, und die Türken konnten erst durch den Einsatz deutscher Truppen unter dem Prinzen Eugen endgültig zurückgeworfen werden.

Auch heute wieder hat Deutschland einen Ansturm aus dem Osten abzuwehren: den Bolschewismus. Denn Rußland hat sich in seiner Kultur so weit vom übrigen Europa getrennt, daß man es eher zu Asien als zu Europa rechnen muß. Es mag ja sein, daß der Bolschewismus für das russische Volk die Ideallösung bedeutet, – *Bestimmt nicht.* – für die anderen Völker ist er es bestimmt nicht. Durch die Kampfansage der Weltrevolution wird aber ganz Europa bedroht.[104] Deutschland hat den Bolschewismus in seinem eigenen Lande niedergeworfen und beobachtet nun mit Besorgnis das Anwachsen der roten Flut in den anderen Ländern, besonders den demokratischen. Die Demokratie bahnt erst dem Bolschewismus den Weg.

So ist es kein Wunder, daß gerade in den „autoritären" Staaten der Bolschewismus nicht mehr Fuß fassen kann, denn hier stehen Männer an der Spitze, die von Deutschland gelernt haben und ihn von ihrem Lande fernhalten. Mussolini hat in Italien den Bolschewismus beseitigt, General Franco kämpft ihn blutig nieder, in Jugoslawien wurde er durch Stojadinowitsch im Keime erstickt. Was liegt näher, als daß sich die Staaten, die die gleiche Gefahr bekämpfen, zusammenfinden. Hinzu kommt Japan, das in Asien dieselbe Rolle wie Deutschland in Europa spielt und den

---

[104] In „Mein Kampf" bewertete Hitler den Bolschewismus so: „Im russischen Bolschewismus haben wir den im zwanzigsten Jahrhundert unternommenen Versuch des Judentums zu erblicken, sich die Weltherrschaft anzueignen (…)." *A. Hitler*, Mein Kampf, S. 751.

Kampf mit der Waffe führt. In Europa aber muß Deutschland im Kampfe führen, da Italien durch seine Imperiumspolitik abgelenkt ist, und Spanien und Jugoslawien keine hervorragende Rolle spielen. Außerdem hat Deutschland nicht nur den Bolschewismus selbst, sondern auch dessen Verfechter und Verbreiter, das Judentum, entlarvt.

Der Jude ist seiner Herkunft nach nicht Europäer, sondern Asiate. Er hat es infolge seiner günstigen Veranlagung verstanden, sich seinen Gastvölkern anzupassen, ohne in ihnen aufzugehen. Es gelang ihm durch seine kaufmännische Begabung, bald die gesamte Geldwirtschaft in seine Hand zu bekommen. Trotz vieler Judenverfolgungen konnte er diese Stellung behaupten, ja sogar in immer höhere Stellen aufrücken. Da der Jude sich nie seinem Gastvolk verpflichtet fühlte, lag ihm auch nichts daran, für dieses zu arbeiten. Es war für ihn das Ausbeutungsobjekt, auf dessen Kosten er ein sorgenfreies Leben führte. Wenn sich auch der gesunde Instinkt der Völker oft gegen die jüdische Vormachtstellung auflehnte, so gelang es ihnen doch nicht, sich davon frei zu machen, da die Fürsten von den Juden abhängig waren und sie schützten.[105]

Der Führer sah den verderblichen Einfluß des Judentums in Wien mit eigenen Augen und schrieb daher den Kampf gegen das Judentum auf seine Fahnen. Er hat auch die falsche Auffassung erkannt, den Juden nur als Gegensatz zum Christen hinzustellen. Nicht die Religion, sondern die Rasse ist maßgebend; ein Jude bleibt Jude, auch wenn er Katholik oder Protestant ist. Nach der Machtergreifung wurden die erforderlichen Maßnahmen getroffen, das deutsche Volk konnte aufatmen.

Deutschland blieb nicht allein mit dieser Befreiungstat. Allmählich begann ganz Europa, sich der Judenfrage zuzuwenden. In vielen Ländern macht sich jetzt ein mehr oder minder starker Antisemitismus bemerkbar. Die neue Regierung Goga in Rumänien sieht ihre oberste Aufgabe darin, ihr Volk von der jüdischen Knechtschaft zu befreien. In Polen wird der Kampf besonders von der studentischen Jugend geführt und richtet sich in erster Linie gegen jüdische Ärzte und Rechtsanwälte. Wie unbeliebt die Juden in Europa sind, sieht man daran, daß sie nach ihrer Ausweisung aus Rumänien überall verschlossene Türen fanden. Polen machte den Vorschlag, sie in Madagaskar anzusiedeln. Frankreich ist auf die Judenfrage aufmerksam geworden, als zahlreiche Juden aus Deutschland auswanderten und nun in Frankreich ihre dunklen Geschäfte nicht gerade zum Segen des französischen Volkes betrieben. So ist es Deutschlands Aufgabe, weiter aufklärend zu wirken. Des Juden höchstes Ziel ist es, die Verheißung seines Gottes Jahwe in Erfüllung gehen zu lassen und über die anderen Völker zu regieren. Für dieses Ziel setzt er, oft auch im Unterbewusstsein, alles ein. Daher ist ihm alles recht, was ein anderes Volk zugrunde richtet, alles

---

[105] In „Mein Kampf" führte Hitler aus: „Den deutschen Fürsten ist es zu danken, daß die deutsche Nation sich von der jüdischen Gefahr nicht endgültig zu lösen vermochte. (...) Sie verbündeten sich mit dem Teufel und landeten bei ihm." Ebd., S. 340.

verhaßt, was es stark und abwehrbereit macht.[106] Infolgedessen tritt er für den Bolschewismus ein, der, wie man es in Rußland und Spanien sieht, nur zerstört und nichts aufbaut. Daher ist er auch gegen jeden Rassengedanken eingestellt und predigt die „Gleichheit aller Menschen“.

Was für verheerende Folgen diese Theorie haben kann, sehen wir heute in Frankreich. Die französische Regierung macht keinen Unterschied zwischen schwarzer und weißer Rasse. Sie sucht die Abnahme des weißen Bevölkerungsbestandteiles Frankreichs durch Ersatz aus der schwarzen Bevölkerung auszugleichen. – *Einbürgerung von Negern.* – Daher werden Schwarze ins Mutterland geholt. Für diese Art der Bevölkerungspolitik wird Propaganda gemacht. Dadurch wird der natürliche Rasseninstinkt beseitigt und die Grenzen werden verwischt. So gibt es heute in Südfrankreich ganze Negersiedlungen, und, was noch schlimmer ist, die Bastardisierung nimmt mehr und mehr zu. Hier in Frankreich spielt sich heute das ab, was den alten Kulturen der Ägypter, Griechen, Römer – *Besseres Beispiel: Perser.* – den Untergang gebracht hat, nämlich der rassische Zusammenbruch des Volkes. Deutschland hat diese drohende Gefahr erkannt, etwas Ähnliches während der Rheinlandbesetzung erlebt, es muß, zunächst um sich selbst zu schützen, dann auch um Frankreichs und der ganzen europäischen Kultur willen, Frankreich warnen.

Es sieht zunächst als einziges Land diese Gefahr. Wenn die weiße Rasse zugrunde geht, ist es mit Europa und der abendländischen Kultur vorbei. In Nordamerika spielt sich dasselbe wie in Frankreich ab, nur daß hier das Rassegefühl noch stark genug ist. Das amerikanische Volk greift zur Selbsthilfe, weil die auf liberalistisch-demokratischen Theorien fußende Regierung dem Rassegedanken kein Verständnis entgegenbringt.

Die übrigen maßgebenden Staaten Europas kümmern sich weniger um Europa als um die Welt. Sie laufen sich hier gegenseitig den Rang ab, ohne sehen zu wollen, welche verhängnisvollen Zustände in Europa selbst, dem Ausgangspunkt ihrer Politik, herrschen. Hierin liegt Deutschlands Aufgabe: Die europäischen Mächte nach Europa zurückzurufen und ihnen ihre gefährdete Stellung vor Augen zu führen.

Heute sieht es noch nicht so aus, als ob Europa sich von Deutschland warnen lassen würde. Es fühlt sich vielleicht von Deutschland bevormundet und will die Gefahren nicht wahrhaben. Wenn aber England und Frankreich ihr Weltreich für lange Dauer behaupten wollen, wird ihnen nichts anderes übrig bleiben, als eines Tages doch auf Deutschlands Warnungen zu hören, oder ihr Reich und damit die Vormachtsstellung des Abendlandes geht verloren. So ist Deutschland der Hüter der abendländischen Kultur und muß als solcher anerkannt werden, wenn Europa weiter bestehen soll.

---

[106] In „Mein Kampf“ schrieb Hitler dazu: Der Jude geht „seinen Weg, den Weg des Einschleichens in die Völker und des inneren Aushöhlens derselben, und er kämpft mit seinen Waffen, mit Lüge und Verleumdung, Vergiftung und Zersetzung, den Kampf steigernd bis zur blutigen Ausrottung der ihm verhaßten Gegner“. Ebd., S. 751.

*

Die Gefahr, die Europa seit Jahrhunderten von Asien droht, hätte noch schärfer herausgearbeitet werden können. Sonst kann die Arbeit, bis auf einige Breiten in der Darstellung, in jeder Beziehung voll befriedigen. Verf. hat die Tatsachen richtig geschildert und die Aufgabe gut und selbständig durchdacht. Aufbau und Ausdruck sind klar und verständig. Die Arbeit ist also durchaus

gut.

Klassenleistungen: gut.

gez. Dr. G., Studienassessor.

***

Der Antisemitismus, wie er auch in diesem Aufsatz zum Ausdruck kommt, bildete eine der Hauptgrundlagen des NS-Parteiprogramms. Bereits in Wien hatte Hitler während seiner „Studien" das aufgegriffen, was als dumpfes Volksempfinden in Teilen der Bevölkerung an Klischees und Vorurteilen über das Judentum vorhanden war. In „Mein Kampf" schrieb Hitler zu seiner Wiener Zeit: „Ich las damals unendlich viel, und zwar gründlich." Es waren dies – wie er selber schrieb – in erster Linie antisemitische Broschüren, die er für „wenige Heller" erwarb.[107] Hitler weiter: „Was mir so an freier Zeit von meiner Arbeit übrigblieb, ging restlos für mein Studium auf. In wenigen Jahren schuf ich mir damit die Grundlagen meines Wissens, von dem ich auch heute noch zehre. In dieser Zeit bildete ich mir ein Weltbild und eine Weltanschauung, die zum granitenen Fundament meines derzeitigen Handelns wurde. Ich habe zu dem, was ich mir so einst schuf, nur Weniges hinzulernen müssen, zu ändern brauchte ich nichts."[108] Abgesehen davon, dass Hitler in Wien gar keiner geregelten Arbeit nachging, mutet es schon merkwürdig an, wenn er als gerademal Zwanzigjähriger von sich behauptet, er brauchte nur noch „Weniges hinzulernen". Tatsächlich blieb ein primitiver und hasserfüllter Antisemitismus das „granitene Fundament" für sein gesamtes späteres Handeln. In „Mein Kampf" schrieb Hitler zwar zunächst noch, dass beim Lesen der erwähnten antisemitischen Broschüren ihm anfangs „Zweifel kamen infolge der zum Teil so flachen und außerordentlich unwissenschaftlichen Beweisführung für die Behauptung". Zu ungeheuerlich erschienen ihm die Bezichtigungen. Doch dann übernimmt er genau diese primitive Sichtweise. Abgestoßen – so führte er aus – „mußte man aber werden, wenn man über die körperliche Unsauberkeit hinaus plötzlich (!) die moralischen Schmutzflecken des auserwählten Volkes entdeckte. (…) Gab es denn da einen Unrat, eine Schamlosigkeit in irgendeiner Form, vor allem des kulturellen Lebens, an der nicht wenigstens ein Jude beteiligt gewesen wäre. (…) Die Tatsache, daß neun Zehntel alles literarischen Schmutzes, künstlerischen Kitsches und theatralischen Blödsinns auf

[107] *A. Hitler*, Mein Kampf, S. 59.

[108] Ebd., S. 21.

das Schuldkonto eines Volkes zu schreiben sind, das kaum ein Hundertstel aller Einwohner im Lande beträgt, ließ sich nicht einfach wegleugnen; es war eben so."[109]

Hitler „studierte" weiter in Wien das Verhältnis des Judentums zur Prostitution und zum Mädchenhandel und als er dann noch „den Juden als Führer der Sozialdemokratie erkannte", stand für ihn das Ergebnis fest: „Ich war (…) zum fanatischen Antisemiten geworden."[110]

Besondere Schuld hat in den Augen Hitlers und der anderen Antisemiten „der" Jude während des Ersten Weltkrieges auf sich geladen. In deren Augen war er der eigentlich Schuldige an der deutschen Niederlage. In „Mein Kampf" schrieb Hitler: „Hätte man zu Kriegsbeginn einmal zwölf- oder fünfzehntausend dieser hebräischen Volksverderber so unter Giftgas gehalten, wie Hunderttausende unserer allerbesten deutschen Arbeiter aus allen Schichten und Berufen erdulden mußten, wäre das Millionenopfer der Front nicht vergeblich gewesen. Im Gegenteil: Zwölftausend Schurken zur rechten Zeit beseitigt, hätte vielleicht einer Million ordentlicher, für die Zukunft wertvoller Deutscher das Leben gerettet."[111] Auch der 9. November 1918 sei das Werk der Juden gewesen. Für diesen Tag – so Hitler – werde man sich an den Juden rächen.[112]

In seiner ersten politischen Stellungnahme vom 16. September 1919 sprach Hitler dann auch von Progromen und von der „Entfernung der Juden". Darin übernimmt er zunächst wieder pauschal die Klischees von „dem" Juden, dessen Denken und Streben angeblich sich im rein Materiellen bewegt, so dass der Wert des Einzelnen sich nicht mehr bestimmt durch seinen Charakter, sondern ausschließlich durch die Größe seines Vermögens, und fährt dann fort: „Der Antisemitismus aus rein gefühlsmäßigen Gründen wird seinen letzten Ausdruck finden in der Form von Progromen. Der Antisemitismus der Vernunft jedoch muß führen zur planmäßigen gesetzlichen Bekämpfung und Beseitigung der Vorrechte des Juden (…). Sein letztes Ziel aber muß unverrückbar die Entfernung der Juden überhaupt sein. Zu beidem ist nur fähig eine Regierung nationaler Kraft und niemals eine Regierung nationaler Ohnmacht."[113]

Nach dem Ersten Weltkrieg entstand in Deutschland eine Vielzahl antisemitischer Gruppierungen, die das Land mit ihrer Propaganda geradezu überschwemmten.

---

109 Ebd., S. 60, 61, 62.

110 Ebd., S. 63, 64, 69.

111 *A. Hitler*, Mein Kampf, S. 772.

112 Vgl. *Uwe Dietrich Adam*, Judenpolitik im Dritten Reich, Düsseldorf 2003, S. 164.

113 Zit. nach *Ernst Deuerlein*, Der Aufstieg der NSDAP 1919–1933 in Augenzeugenberichten, Düsseldorf 1968, S. 91 ff. Bei einer Besprechung im vornehmen „Nationalen Club" in Berlin im Oktober 1921 ging Hitler noch einmal auf die Frage ein, wie er sich die Lösung der Marxisten- und Judenfrage im Falle der Machtübernahme dächte. „Bereits damals", so eine nationalsozialistische Darstellung, „hat er im großen und ganzen das ausgeführt, was er dann 1933 in die Wirklichkeit umsetzte, einschließlich der ‚Konzentrationslager' (…)." *Julek Karl v. Engelbrechten/Karl Volz*, Wir wandern durch das nationalsozialistische Berlin. Ein Führer durch die Gedenkstätten des Kampfes um die Reichshauptstadt, München 1937, S. 53.

Hitler selbst nahm für sich und die NSDAP in Anspruch, den Antisemitismus „zum treibenden Motiv einer großen Volksbewegung" gemacht zu haben.[114] Neben der NSDAP war der Deutschvölkische Schutz- und Trutzbund (DVSTB) mit 200.000 Mitgliedern die bedeutendste antisemitische Organisation.[115] Ein Großteil ihrer Funktionäre und Mitglieder gingen später in der NSDAP auf.[116]

In unzähligen Flugblättern und Broschüren wurde behauptet, die Juden hätten mit ihrer „skrupellosen und zielbewussten Hetze" gegen alles Deutsche den Siegeswillen geschwächt, sodass schließlich das monarchistische Deutschland „trotz seiner Siege" den Krieg verlieren musste. Auf diese Weise wurde Deutschland „reif" gemacht für die „jüdische Revolution".[117] Es wurden lange Namenslisten erstellt, die belegen sollten, dass hinter den Streiks und großen Friedensdemonstrationen Juden gestanden haben. Der Hass der Antisemiten richtete sich ferner gegen die sogenannten Erfüllungspolitiker, die ebenfalls Juden seien, gegen den „Judenapostel"

---

[114] *A. Hitler*, Mein Kampf, S. 628. Im Einzelnen führte Hitler dazu aus: „Im Jahre 1918 konnte von einem planmäßigen Antisemitismus gar keine Rede sein. Noch erinnere ich mich der Schwierigkeiten, auf die man stieß, sowie man nur das Wort Jude in den Mund nahm. Man wurde entweder dumm angeglotzt oder man erlebte heftigsten Widerstand. Unsere ersten Versuche, der Öffentlichkeit den wahren Feind zu zeigen, schienen damals fast aussichtslos zu sein, und nur ganz langsam begannen sich die Dinge zum Besseren zu wenden. So verfehlt der ‚Schutz- und Trutzbund' in seiner organisatorischen Anlage war, so groß war nichts destoweniger sein Verdienst, die Judenfrage als solche wieder aufgerollt zu haben. Jedenfalls begann im Winter 1918/19 so etwas wie Antisemitismus langsam Wurzeln zu fassen. Später hat dann allerdings die nationalsozialistische Bewegung die Judenfrage ganz anders vorwärts getrieben." Ebd.

[115] Der DVSTB war eine Schöpfung des Alldeutschen Verbandes. Da der Alldeutsche Verband zu viele andere Aufgaben hatte, wurde speziell für die Bekämpfung des Judentums der Deutschvölkische Schutz- und Trutzbund gegründet. Das Symbol des Kampfes war das Hakenkreuz. In seinem bereits 1912 erstmals erschienenen Buch „Wenn ich der Kaiser wär'" hatte der alldeutsche Verbandsvorsitzende Heinrich Claß die Juden als die eigentlichen Träger einer verhängnisvollen Entwicklung hin zu Demokratie, Liberalismus und sozialen Umschichtungen ausgemacht. *Daniel Frymann* (*Heinrich Claß*), Wenn ich der Kaiser wär' – Politische Wahrheiten und Notwendigkeiten, Leipzig 1925, S. 192 ff. „Der Jude" sei der Führer und Vertreter der „verderblichen Masseninstinkte"; die Demokratie bezeichnete Claß als „Wahngedanken". Ebd., S. 192 und 214. Statt der „undeutschen Demokratie", deren Nutznießer allein der Jude sei, empfahl Claß die Diktatur unter einem starken Führer. Ebd., S. 166 und 221. Die „sozialistische Irrlehre" sei ebenso jüdischen Ursprungs wie der pazifistische Wahn. Ebd., S. 212. Überall wirke „der Jude" seinem Wesen entsprechend zersetzend, verhöhne alles, was dem Deutschen heilig sei wie Thron und Vaterland; sein besonderer Hass gelte aber „dem Heere, weil es die letzte Stütze der Staatsmacht ist". Ebd., S. 190. „Was ist diesen Heimat- und Staatslosen Vaterland und Staat? Was kriegerische Zucht? Was die Monarchie?" Ebd., S. 32. Aufgrund ihrer Zersetzungsarbeit während des Krieges, so Claß weiter, hätten die Juden eine derartig hohe Schuld auf sich geladen, dass nun mit äußerster Härte gegen sie vorgegangen werden müsse. Die „deutsche Sittlichkeit und Kultur" könne nur wieder hergestellt werden, „wenn den Juden endgültig die Gelegenheit zu schädlicher Einwirkung genommen wird". Ebd., S. 212.

[116] Vgl. *Bernhard Sauer*, Freikorps und Antisemitismus in der Frühzeit der Weimarer Republik, in: ZfG 56. Jahrgang 2008, Heft 1, S. 29.

[117] Vgl. *Uwe Lohalm*, Völkischer Radikalismus. Die Geschichte des Deutschvölkischen Schutz- und Trutz-Bundes 1919–1923, Hamburg 1970, S. 179.

Philipp Scheidemann, gegen Matthias Erzberger, „der auch aus jüdischem Stamme sei“, sowie Walther Rathenau, der in den Schriften der Antisemiten gewöhnlich als „Trotzki-Rathenau“ bezeichnet wurde, als ein Mann, der den deutschen Sieg nicht gewollt und ihn bewusst hintertrieben habe.[118]

Der Judenhass nahm im Laufe der Zeit immer mehr ausgesprochen pathologische Züge an bis hin zu regelrechten Wahnvorstellungen. Schon der Vorwurf „die“ Juden seien am deutschen Zusammenbruch 1918 schuld, ist völlig abwegig. Schließlich gaben die Juden die Projektionsfläche für alles „Böse“ ab. In „Mein Kampf“ schrieb Hitler: „Hier schreckt er vor gar nichts zurück und wird in seiner Gemeinheit so riesengroß, daß sich niemand zu wundern braucht, wenn in unserem Volke die Personifikation des Teufels als Sinnbild alles Bösen die leibhaftige Gestalt des Juden annimmt.“[119]

In seiner Betrachtung „Der Werdegang des Judentums“ stellte Hitler folgende Behauptungen auf: Auf der einen Seite organisiere der Jude die kapitalistischen Methoden der Massenausbeutung bis zur letzten Konsequenz, zugleich „macht er sich an die Opfer seines Geistes und Waltens selber heran und wird in kurzer Zeit schon der Führer ihres Kampfes gegen sich selbst. Das heißt freilich, nur bildlich gesprochen ‚gegen sich selbst‘; denn der große Meister im Lügen versteht es, sich wie immer als den Reinen erscheinen zu lassen und die Schuld den anderen aufzubürden. Da er die Frechheit besitzt, die Masse selber zu führen, kommt diese auch gar nicht auf den Gedanken, daß es sich um den infamsten Betrug aller Zeiten handeln könnte. (...) Kaum daß der neue Stand sich aus der allgemeinen wirtschaftlichen Umbildung herausentwickelt, sieht auch der Jude schon den neuen Schrittmacher zu seinem eigenen weiteren Fortkommen klar und deutlich vor sich. Erst benützte er das Bürgertum als Sturmbock gegen die feudale Welt, nun den Arbeiter gegen die bürgerliche. Wußte er aber einst im Schatten des Bürgertums sich die bürgerlichen Rechte zu erschleichen, so hofft er nun, im Kampfe des Arbeiters ums Dasein, den Weg zur eigenen Herrschaft zu finden. Von jetzt ab hat der Arbeiter nur mehr die Aufgabe, für die Zukunft des jüdischen Volkes zu fechten. Unbewußt wird er in den Dienst der Macht gestellt, die er zu bekämpfen vermeint. Man läßt ihn scheinbar gegen das Kapital anrennen und kann ihn so am leichtesten gerade für dieses kämpfen lassen.“[120]

Das Vorgehen des Juden ist nach Hitler dabei Folgendes: Er macht sich an den Arbeiter heran, heuchelt Mitleid mit dessen Schicksal, gibt dabei aber „dem Kampfe um die Beseitigung sozialer Schäden ein ganz bestimmtes weltanschauungsmäßiges Gepräge. Er begründet die marxistische Lehre.“[121] Unter dem Mantel rein sozialer Gedanken liegen „wahrhaft teuflische Absichten verborgen“.[122] Diese Lehre – so

[118] Vgl. ebd., S. 301 und 435.

[119] *A. Hitler*, Mein Kampf, S. 355.

[120] Ebd., S. 349 f.

[121] Ebd., S. 350.

[122] Ebd., S. 351.

Hitler – stellt ein unzertrennliches Gemisch von Vernunft und menschlichem Aberwitz dar, aber immer so, dass nur der Wahnsinn zur Wirklichkeit zu werden vermag, niemals die Vernunft. Durch die kategorische Ablehnung der Persönlichkeit und damit der Nation und ihres rassischen Inhalts zerstöre sie die elementaren Grundlagen der gesamten menschlichen Kultur. Damit falle aber auch „das wesentliche Hindernis für die Herrschaft der Minderwertigen- dieser aber ist der Jude."[123]

Der Jude teilt nun „die Organisation seiner marxistischen Weltlehre in zwei Hälften, die, scheinbar voneinander getrennt, in Wahrheit aber ein untrennbares Ganzes bilden: in die politische und die gewerkschaftliche Bewegung".[124] Er wird zum Führer der Gewerkschaftsbewegung[125] und seiner „ganzen inneren raubgierigen Brutalität entsprechend stellt er die gewerkschaftliche Bewegung zugleich auf brutalste Gewaltanwendung ein."[126] Mittels der Gewerkschaften zertrümmert der Jude die Grundlagen der nationalen Wirtschaft.

Politisch beginnt der Jude nun, den „Gedanken der Demokratie abzulösen durch den der Diktatur des Proletariats. In der organisierten Masse des Marxismus hat er die Waffe gefunden, die ihn die Demokratie entbehren läßt (...)".[127] Planmäßig arbeitet er auf die Revolutionierung hin und „Völker, die dem Angriff von innen zu heftigen Widerstand entgegensetzen, umspinnt er dank seiner internationalen Einflüsse mit einem Netz von Feinden, hetzt sie in Kriege und pflanzt endlich, wenn nötig, noch auf die Schlachtfelder die Flagge der Revolution".[128] Schließlich kommt Hitler zu folgendem Ergebnis: „So ist der Jude heute der große Hetzer zur restlosen Zerstörung Deutschlands. Wo immer wir in der Welt Angriffe gegen Deutschland lesen, sind Juden ihre Fabrikanten (...)."[129]

Dies waren in den Augen Hitlers aber nicht die einzigen „Vergehen" des Juden. Planmäßig habe er darüber hinaus versucht, „das Rassenniveau durch eine dauernde Vergiftung der einzelnen zu senken". Im Einzelnen führte er dazu aus: „Der schwarzhaarige Judenjunge lauert stundenlang, satanische Freude in seinem Gesicht, auf das ahnungslose Mädchen, das er mit seinem Blute schändet und damit seinem, des Mädchens Volke raubt. Mit allen Mitteln versucht er die rassischen Grundlagen des zu unterjochenden Volkes zu verderben. So wie er selber planmäßig Frauen und Mädchen verdirbt, so schreckt er auch nicht davor zurück, selbst im größeren Umfange die Blutschranken für andere einzureißen. Juden waren es und sind es, die den Neger an den Rhein bringen, immer mit dem gleichen Hintergedanken und klaren Ziele, durch die dadurch zwangsläufig eintretende Bastardierung die ihnen verhaßte

[123] Ebd.

[124] Ebd., S. 352.

[125] Vgl. ebd., S. 353.

[126] Ebd., S. 354.

[127] Ebd., S. 357.

[128] Ebd.

[129] Ebd., S. 702.

weiße Rasse zu zerstören, von ihrer kulturellen und politischen Höhe zu stürzen und selber zu ihren Herren aufzusteigen."[130]

Diese Ausführungen Hitlers in „Mein Kampf" waren offenbar die Vorlage für zahlreiche ähnliche Darstellungen. In der Zeitschrift „Der Angriff", dem Organ der Berliner Nationalsozialisten, wurde in fast jeder Ausgabe gegen „die Juden" gehetzt. Unter der Überschrift „Autoliebchen an der Heerstraße. Wie Juden deutsche Mädchen verführen (...)", weiß beispielsweise ein „Beobachter" zu berichten, wie „jüdische Wüstlinge" und „eklige Judenbengels" unter „Zuhilfenahme mehr oder weniger raffinierter Verführungskünste" sich an hübsche, blonde Mädels heranmachen.

Zuvor schilderte der gleiche „Beobachter", dass zwei „Unholde" sich seiner 14-jährigen Tochter Inge genähert haben. Er schreibt: „Was soll ich noch weiter Einzelheiten erzählen. Die beiden jüdischen Wüstlinge – nach der Schilderung des Kindes *kann* es sich nur um *jüdische* handeln – versuchten nun in dem Gebüsch mein Kind zu Unsittlichkeiten zu verleiten." Das Ganze habe jedoch System. „Bei dem Erlebnis meines Kindes Inge *liegt kein Einzelfall* vor, sondern in dieser Sache *liegt System.* Mindestens *zehnmal* habe ich beobachtet, besonders nach Geschäftsschluß, daß vornehme Autos langsam dicht am Bürgersteig die Straße entlang bummelten (...). In mehreren Fällen ist es auch gelungen, die Mädels auf diese Weise in die Autos zu locken. Welchen *Zweck* diese Praktiken haben, kann man sich nach dem Erlebnis meines Töchterchens Inge *lebhaft* ausmalen."[131] Solche Geschichten sollten Neidinstinkte wecken und den Haß gegen die Juden schüren.

In Nürnberg hatte sich Julius Streicher der Ortsgruppe des Deutschvölkischen Schutz- und Trutzbundes angeschlossen. Von Streicher wird berichtet, dass er nach dem Krieg „rastlos von Ort zu Ort" zog, um die Bevölkerung „in tausend Versammlungen über die jüdische Weltgefahr aufzuklären".[132] Im Jahre 1923 gründete er das antisemitische Wochenblatt „Der Stürmer", das er bis 1945 herausgab. Nach 1933 wurden auch in den entlegendsten Gemeinden „Stürmer-Schaukästen" aufgestellt, in denen das Volk eine sich von Woche zu Woche steigernde, hysterische Gräuelhetze gegen das Judentum verfolgen konnte. In welcher Weise dies geschah, mag folgendes Beispiel verdeutlichen.

Unter den Überschriften „Der Jude Singer schändet in Wien dreißig deutsche Kinder" und „Die Rasse der Sexualverbrecher" schreibt der Stürmer-Autor: „Der

---

[130] Ebd., S. 357. Bei der Rheinland-Besetzung waren in der französischen Armee auch Farbige. Dies ist der Hintergrund für Hitlers Ausführungen, wonach der „Neger an den Rhein" gebracht wurde. Die Verführung „ahnungsloser deutscher Mädchen durch Juden" taucht in Hitlers „Mein Kampf" mehrfach auf. So schrieb er an anderer Stelle: „Würde nicht die körperliche Schönheit heute vollkommen in den Hintergrund gedrängt durch unser lausiges Modewesen, wäre die Verführung von hunderttausenden von Mädchen durch krummbeinige widerwärtige Judenbankerte gar nicht möglich." Ebd., 458.

[131] *Der Angriff* vom 30. 7. 1928, Hervorhebung im Original.

[132] *Philipp Bouhler*, Kampf um Deutschland, München 1938, S. 83.

Inhaber des Konditoreiladens heißt Singer. Er ist ein Jude. Er ist ein Angehöriger jener Rasse, der man von außen ansieht, daß sie mit tierischer widernatürlicher Sinnengier behaftet sind. Ein Angehöriger jener Rasse, die sich das planmäßige Schänden und Vernichten der nichtjüdischen Frauen- und Mädchenwelt zum Ziel gesetzt hat. Der der ‚Stürmer' schon in hunderten von Fällen nachgewiesen hat, daß jeder einzelne Angehörige dieser bis in den Kern verdorbenen Rasse ein Sexualverbrecher ist."[133] In ähnlicher Weise polemisierte auch Artur Dinter, der dem Vorstand des DVSTB angehörte und der sich später der NSDAP anschloss.[134] Der erste Band seiner Romantrilogie „Die Sünde wider das Blut", 1918 zuerst erschienen, erreichte bis 1921 eine Auflage von 200.000, der zweite Band „Die Sünde wider dem Geist", 1921 erschienen, noch im selben Jahr eine Auflage von 100.000 Exemplaren.[135] Die Zielsetzung für sein Wirken beschrieb Dinter so: „Für die große und heilige Sache, für die ich kämpfe, Befreiung des Deutschtums von der Versklavung, Verelendung und Vernichtung durch das Judentum setze ich freudig auch mein Leben ein."[136] Sein Fazit lautete: „Ein Deutscher, der eine Jüdin, oder eine Deutsche, die einen Juden heiratet, begeht nicht nur ein Verbrechen am deutschen Volke, sondern häuft endloses seelisches und körperliches Leid auch auf die eigenen Kinder und Kindeskinder. Furchtbar rächt sich an ihnen die Sünde wider das Blut."[137] Zum Schluss formulierte Dinter das Ziel, das er sich stellte: Wir dürfen nicht müde werden, „zu kämpfen und zu ringen, bis diese teuflische Rasse für die Menschheit unschädlich gemacht ist".[138]

In einer Schrift, herausgegeben 1935 vom Reichsführer-SS, wird schließlich folgendes Judenbild entworfen: „Der Untermensch – jene biologisch scheinbar völlig gleichgeartete Naturschöpfung mit Händen, Füßen und einer Art von Gehirn, mit Augen und Mund, ist doch eine ganz andere, eine furchtbare Kreatur, ist nur ein Wurf zum Menschen hin, mit menschenähnlichen Gesichtszügen – geistig, seelisch jedoch tiefer stehend als jedes Tier. Im Inneren dieses Menschen ein grausames Chaos wilder, hemmungsloser Leidenschaften: namenloser Zerstörungswille, primitivste Begierde, unverhüllteste Gemeinheit. Untermensch – und sonst nichts! (...) Er haßte das Werk des anderen. Er wütete dagegen, heimlich als Dieb, öffentlich als Lästerer – als Mörder. Er gesellte sich zu seinesgleichen. Die Bestie rief die Bestie. – Nie wahrte der Untermensch Frieden, nie gab er Ruhe. Denn er brauchte das Halbdunkle, das Chaos. Er scheute das Licht des kulturellen Fortschritts. Er brauchte

133 *Der Stürmer*, Nr. 6, 1933.

134 Artur Dinter (1876–1948) wurde 1925 von Hitler zum Gauleiter der NSDAP von Thüringen ernannt, überwarf sich dann aber mit ihm und wurde 1928 aus der Partei ausgeschlossen.

135 Vgl. *U. Lohalm*, Völkischer Radikalismus, S. 126.

136 *Artur Dinter*, Lichtstrahlen aus dem Talmund, Berlin 1919, S. 4.

137 *Artur Dinter*, Sünde wider das Blut, Leipzig 1919, S. 245.

138 Ebd., S. 273.

zur Selbsterhaltung den Sumpf, die Hölle, nicht aber die Sonne. – Und diese Unterwelt der Untermenschen fand ihren Führer: – den ewigen Juden!“[139]

11. Was muß ich meiden und tun, um hart zu werden?

Deutscher Prüfungsaufsatz, Berlin-Steglitz,
den 23. 1. 1939

Ein Ingenieur hat an einer besonders schwierigen und gefährlichen Stelle einer Straße zu bauen. Zwei andere Ingenieure sind an dieser Aufgabe schon gescheitert. Er aber bemüht sich mit großer Tatkraft um eine Lösung und findet auch tatsächlich eine Methode, um die Schwierigkeiten zu überwinden.

(...)

Ein Kaufmann baute in unermüdlicher Arbeit sein Geschäft zu einer Großfirma aus. In der Inflationszeit wird mit einem Schlag sein Lebenswerk vernichtet. Er erträgt aber tapfer sein Los und beginnt als Büroangestellter ein neues Leben.

An diesen (...) Beispielen sehen wir, daß die Härte von der Seele aufgebracht werden muß; Wille, Tatkraft, Energie sind Teile der Seele. Bei der Tat übt die Seele die Härte durch Körper oder Geist aus. Beim Ertragen eines Zustandes übt die Seele die Härte durch den Körper oder unmittelbar durch sich selbst aus.

Körper, Geist und Seele müssen also alle drei zur Härte erzogen werden.

Bei der Erziehung der Seele zur Härte muß die größte Arbeit beim Kind geleistet werden, dessen Seele noch bildungsfähig ist.

Es müssen von ihm ferngehalten werden alle Ideen, die die persönliche Freiheit und Bequemlichkeit, Brüderlichkeit, Barmherzigkeit und ähnliches an die erste Stelle setzen.

Es muß vielmehr mit den harten Tatsachen des Lebens vertraut werden, sich heldisches Wesen aus Sage, Geschichte und Umwelt aneignen.

Außerdem wird die Seele von der Erziehung des Körpers und des Geistes in großem Maße beeinflußt.

Der Erziehung des Körpers zur Härte wird ja heute sehr viel Aufmerksamkeit gewidmet. Die Zusammenfassung des Sportes im Nationalsozialistischen Reichsbund für Leibesübungen, die Einführung des SA-Wehrabzeichens, das Jahr der Gesundheitspflicht in der Hitlerjugend und viele andere Dinge sorgen dafür, daß das deutsche Volk körperlich gestählt wird. Es ist deshalb auch nicht nötig, hier viel über die körperliche Ertüchtigung zu sagen.

[139] Zit. nach: *Léon Poliakov/Joseph Wulf*, Das Dritte Reich und die Juden. Frankfurt/M., Berlin, Wien 1983, S. 217.

Nur auf eines sei noch hingewiesen, das fast immer vernachlässigt wird, das Atmen. Die meisten Menschen atmen viel zu wenig. Und dabei ist das die natürlichste und einfachste Weise, sich gesund zu erhalten. Während des Schlafes atmet man bekanntlich sehr wenig; deshalb ist am Morgen frische Luft für den Körper das wichtigste.

Der Erziehung des Geistes wurde früher auf Kosten des Charakters und des Körpers manchmal etwas zuviel Arbeit gewidmet. Man darf aber heute den Spieß nicht umdrehen, wie es leider oft geschieht. Nur ein geübter Geist kann viel leisten, genau so wie nur der geübte Körper Großes vollbringen kann.

Deshalb müssen auch an den Geist bei der Erziehung große Anforderungen gestellt werden. Er darf nie zur Ruhe, nie aus der Übung kommen, er muß immer vor neue und größere Aufgaben gestellt werden.

Unsere heutige Zeit stellt an den einzelnen sehr viele Anforderungen, er kann nicht mehr, wie im Zeitalter des Liberalismus, leben, wie er will. Er muß innerhalb der Volksgemeinschaft seine Pflicht erfüllen, die ihm vorgeschriebene. Überall muß er sich zum Wohle des Ganzen unterordnen.

Um all diesen Anforderungen gerecht werden zu können, braucht der Mensch Energie und Willen, Härte.

Nur mit Härte wurden in der Geschichte große Taten vollbracht.

*

Die Tiefen des Themas hat der Verfasser ausgelotet. In dieser Beziehung muß der Aufsatz sehr gut genannt werden. Dem Verfasser fehlt aber die Freude am Anschaulichen, am Einzelnen, an der Kleinarbeit. Er versucht zu wenig, seine Leser zu bestimmen, zu überzeugen, mitzureißen.

Ausreichend,

Klassenleistungen: Gut.

Berlin-Lankwitz, den 29.1.39.

Gez. Dr. W., Studienrat.

***

„Nur mit Härte“, so wird in dem Aufsatz gesagt, „wurden in der Geschichte große Taten vollbracht“. Deshalb seien in der Erziehung schon dem Kinde alle Ideen, die persönliche Freiheit, Brüderlichkeit und Barmherzigkeit an die erste Stelle setzen, fernzuhalten.

Die „Erziehung zur Härte“ war im Dritten Reich Teil der Vorbereitung auf den kommenden Krieg. Der Krieg ist grausam, da sind Werte wie Barmherzigkeit und Brüderlichkeit nicht gefragt. Für Hitler ist der Krieg Teil des unerbittlichen Daseinskampfes, den nur der bestehen kann, der „hart“ ist, alles Schwache wird untergehen, ja soll sogar nach Hitler untergehen. In „Mein Kampf“ schrieb er: „Der Stärkere hat zu herrschen und sich nicht mit dem Schwächeren zu verschmelzen, um so die eigene Größe zu opfern. Nur der geborene Schwächling kann dies als grausam empfinden, dafür aber ist er auch nur ein schwacher und beschränkter Mensch; denn würde dieses Gesetz nicht herrschen, wäre ja jede vorstellbare Höherentwicklung aller organischen Lebewesen undenkbar.“[140] Seine Schlussfolgerung lautet: „Wer leben will, der kämpfe also, und wer nicht streiten will in dieser Welt des ewigen Ringens, verdient das Leben nicht.“[141] Und weiter: „So wie große Tierarten der Vorzeit anderen weichen mußten und restlos vergingen, so muß auch der Mensch weichen, wenn ihm eine bestimmte Kraft fehlt, die ihn allein die nötigen Waffen zu seiner Selbsterhaltung finden läßt.“[142] In einer Rede im Jahre 1928 erklärte Hitler: „Die Idee des Kampfes ist so alt wie das Leben selbst, denn das Leben wird nur dadurch erhalten, daß anderes Leben im Kampfe zugrunde geht. (...). In diesem Kampf gewinnt der Stärkere, Fähigere, während der Unfähigere, der Schwache verliert. Der Kampf ist der Vater aller Dinge (...). Nicht durch die Prinzipien der Humanität lebt der Mensch oder ist er fähig, sich neben der Tierwelt zu behaupten, sondern einzig und allein durch die Mittel brutalsten Kampfes (...).“[143]

Später in einer Rede vom 22. Juni 1944 fasste Hitler noch einmal seine Anschauungen zusammen: „Der Krieg ist also das unabänderliche Gesetz des ganzen Lebens, die Voraussetzung für die natürliche Auslese des Stärkeren und zugleich der Vorgang der Beseitigung des Schwächeren. Das, was dem Menschen dabei als grausam erscheint, ist vom Standpunkt der Natur aus selbstverständlich weise. Ein Volk, das sich nicht zu behaupten vermag, muß gehen und ein anderes an seine Stelle treten.“[144]

Im Ringen um die Selbsterhaltung, so fuhr Hitler fort, unterliegen die Völker, „die im gegenseitigen Kampf das wenigste an heldischen Tugenden ihr eigen nennen (...).“[145] Mit dem „faden Pazifistenspülwasser“ der Weimarer Republik sind jedoch nicht Menschen „zum Sterben zu berauschen“.[146] Was Deutschland nach Ansicht Hitlers braucht, sind nicht halbe Pazifisten oder Demokraten, sondern „ganze Deutsche“.[147]

„Wenn aber Völker um ihre Existenz auf diesem Planeten kämpfen“, so Hitler weiter, „mithin die Schicksalsfrage von Sein oder Nichtsein an sie herantritt, fallen alle Erwägungen von Humanität oder Ästhetik in ein Nichts zusammen (...). Schicksalsfragen von der Bedeutung des Existenzkampfes eines Volkes heben jede

---

[140] *A. Hitler*, Mein Kampf, S. 312.

[141] Ebd., S. 317.

[142] Ebd., S. 432.

[143] Zit. nach: *J. C. Fest*, Das Gesicht des Dritten Reiches, S. 24.

[144] Zit. nach: *Helmut Krausnick*, Judenverfolgung, in: Anatomie des SS-Staates, Bd. II, Freiburg 1965, S. 297.

[145] *A. Hitler*, Mein Kampf, S. 166.

[146] Ebd., S. 202.

[147] Ebd., S. 474.

Verpflichtung zur Schönheit auf."[148] Mit dem Juden, dem Erfinder dieses „Kulturparfüms", brauche man sich darüber allerdings nicht zu unterhalten. Pazifismus ist nach Hitler nur unter einer Voraussetzung gut. „Tatsächlich ist die pazifistisch-humane Idee vielleicht ganz gut dann, wenn der höchststehende Mensch sich vorher die Welt in einem Umfange erobert und unterworfen hat, der ihn zum alleinigen Herrn dieser Erde macht."[149] Erst dann wird es auch Frieden geben: „Ein Friede, gestützt nicht durch die Palmwedel tränenreicher pazifistischer Klageweiber, sondern begründet durch das siegreiche Schwert eines die Welt in den Dienst einer höheren Kultur nehmenden Herrenvolkes."[150]

Nach Meinung Hitlers ist früher der Bildung des Geistes zu viel Bedeutung beigemessen worden. „An wissenschaftlicher Bildung aber hat es uns Deutschen wahrhaftiger Gott nie gefehlt; desto mehr jedoch an Willens- und Entschlußkraft. Je ‚geistvoller' zum Beispiel unsere Staatsmänner waren, um so schwächlicher war meistens ihre wirkliche Leistung. Die politische Vorbereitung sowohl als die technische Rüstung für den Weltkrieg war nicht deswegen ungenügend, weil etwa zu wenig gebildete Köpfe unser Volk regierten, sondern vielmehr, weil die Regierenden überbildete Menschen waren, vollgepfropft von Wissen und Geist, aber bar jedes gesunden Instinkts und ledig jeder Energie und Kühnheit. Es war ein Verhängnis, daß unser Volk seinen Daseinskampf ausfechten mußte unter der Reichskanzlerschaft eines philosophierenden Schwächlings. Hätten wir an Stelle eines Bethmann-Hollweg einen robusteren Volksmann als Führer besessen, würde das Heldenblut des gemeinen Grenadiers nicht umsonst geflossen sein."[151]

Hitlers Schlussfolgerung lautet deshalb: „Ein Volk von Gelehrten wird, wenn diese dabei körperlich degenerierte, willensschwache und feige Pazifisten sind, den Himmel nicht erobern, ja nicht einmal auf dieser Erde sich das Dasein zu sichern vermögen. Im schweren Schicksalskampf unterliegt selten, der am wenigsten weiß, sondern immer derjenige, der aus seinem Wissen die schwächsten Konsequenzen zieht und sie am kläglichsten in die Tat umsetzt."[152] „Die Angst unserer Zeit vor Chauvinismus ist das Zeichen ihrer Impotenz."[153]

Im harten Ringen um die Selbsterhaltung muss nach Hitler ein Volk vor allem auch den Kampf um die eigene Gesundheit führen. „Wenn die Kraft zum Kampfe um die eigene Gesundheit nicht mehr vorhanden ist, endet das Recht zum Leben in dieser Welt des Kampfes."[154] Das betreffe vor allem den „defekten" Menschen. „Die Forderung, daß defekten Menschen die Zeugung anderer ebenso defekter Nach-

[148] Ebd., S. 195.
[149] Ebd., S. 315.
[150] Ebd., S. 438.
[151] Ebd., S. 480 f.
[152] Ebd., S. 452 f.
[153] Ebd., S. 475.
[154] Ebd., S. 282.

kommen unmöglich gemacht wird, ist eine Forderung klarster Vernunft (...).“[155] Später sprach Hitler ihnen das Recht zu leben ganz ab.

12. Adolf Hitler erkennt die deutsch-französische Grenze an. Würdige diese weltgeschichtliche Entscheidung!

Deutscher Prüfungsaufsatz, Gymnasium zu Berlin-Steglitz, den 23. 1. 1939

Ein grauer, trüber Wintertag, der 30. Januar 1933. Dunkel und schwer hängen die Wolken am Himmel. Ein Tag wie jeder andere. Gegen Mittag durchbrechen die Strahlen der steigenden Sonne für wenige Augenblicke das dunkle Grau.

Plötzlich kommt Bewegung in die Massen der Menschen: Extrablätter sind erschienen, der greise Generalfeldmarschall des „großen Krieges“ hat den Führer der nationalsozialistischen Bewegung zum Reichskanzler ernannt.

Der Tag versinkt, der Abend kommt über die lärmende Großstadt. Doch die Bewegung der Massen will sich nicht legen. In Zwölferreihen ziehen die Berliner im Fackelzug am Führer vorbei.

Auf dem Balkon der Reichskanzlei steht ein einsamer Mann, der Führer. Vierzehn Jahre hat er gekämpft für sein Volk, schwerer Kampf erwartet ihn:

Uneinigkeit im Innern, ein Heer von Arbeitslosen, Haß und Mißgunst vom Ausland.

Der Führer weiß: Von einem Ring von Feinden sind wir umgeben. Einen nach dem anderen gilt es, aus diesem Ring herauszusprengen und zu uns zu ziehen. Ist es gelungen, den Ring der äußeren Feinde zu durchbrechen, so ist auch friedliche Aufbauarbeit im Innern möglich.

Der Führer erreicht, was er will. Verträge und Handelsabkommen werden geschlossen. Polen und fast der gesamte Balkan werden wirtschaftlich an uns gekettet. Nebenher läuft die Aufbauarbeit im Innern, die Arbeitslosigkeit verschwindet.

Doch eine europäische Nation steht uns feindlich gegenüber: Frankreich. Da holt der Führer zum entscheidenden Streich aus: Deutsche Truppen besetzen die entmilitarisierte Zone, das Rheinland kehrt unter die Hoheit des Reiches zurück. Aber zugleich mit dem Vormarsch deutscher Truppen dringt die Stimme des Führers in die Welt hinaus. An Frankreich sind seine Worte gerichtet.

Er bietet Frankreich einen Nichtangriffspakt an, ja er geht noch weiter, er erkennt die deutsch-französische Grenze an, er verzichtet auf Elsaß-Lothringen.

[155] Ebd., S. 279.

Das großherzigste Friedensangebot, das je ein Führer in der Geschichte gemacht hat, geht an Frankreich.

Auch in Deutschland war die Erregung groß. Für und Wider wurde laut. Jetzt kamen viele Kritiker, die meinten, der Führer hätte grundlos wohlverdientes Recht auf dieses Land aufgegeben, hätte vergessen, daß Frankreich Deutschlands „Erbfeind" wäre.

Diese kleinen Geister sahen nur von ihrem kleinen Gesichtskreis aus, sie erkannten nicht die große Linie in der Außenpolitik unseres Führers, die von der Erhebung 1933 über unzählige Verträge zur Anerkennung der französischen Grenze führte.

Wir wissen: In der Politik muß man die Kraft haben, kleine Opfer für die Erfüllung großer Ziele zu bringen. Die Neuerwerbung von Elsaß-Lothringen hätte zwangsläufig nur in einem Kriege erfolgen können. Der Führer kennt den Krieg, er hat ihn als Frontsoldat erlebt, er hat das Elend gesehen, das der Krieg über Deutschland gebracht, er weiß einen neuen europäischen Krieg zu verhüten. (...)

So ist sein Verzicht auf eine erneute Grenzregulierung nicht nur ein Schritt zur deutsch-französischen Verständigung, sondern er bedeutet auch den Weg zu einer neuen Politik, den Schritt von der Machtpolitik der Vergangenheit zur Volkspolitik der Zukunft. Der Führer hat den Mut gehabt, diesen Schritt zu wagen, die Geschichte wird ihm dafür Dank wissen.

Betrachten wir den Verzicht auf Elsaß-Lothringen vom industriellen und wirtschaftlichen Standpunkt aus, so müssen wir allerdings zugeben, daß dieser Ausfall an Rohstoffen nicht leicht zu verschmerzen ist. Doch wäre die geographische Lage Elsaß-Lothringens in einem deutsch-französischen Kriege denkbar ungünstig.

Betrachten wir die zukünftige Lage Europas! Der Schwerpunkt unserer Politik liegt im Osten. Wir sind ein Volk ohne Raum für unsere Bauern. Dieser Raum liegt nicht in Kolonien in Übersee, dieser Raum liegt im Osten. Für die große Aufgabe der Ostkolonisation muß unser Volk vorbereitet und gestärkt werden. Wir verzichten deshalb auf neue Gebietserwerbungen im Westen.

Wir verstehen die Handlungsweise des Führers und wir würdigen sie, weil wir ihre politischen und geschichtlichen Hintergründe erkannt haben. Wir wissen: Hohe Ziele fordern Opfer, einst werden alle die Notwendigkeit dieser Opfer erkennen.

*

Schon die wenig straffe Gliederung und die breite Einleitung zeigen, daß der Aufsatz nicht scharf genug durchdacht worden ist. Schwach ist der geschichtliche Teil. Das Wesentliche aber ist beachtet. Ausdruck und äußere Form sind sorgfältig.

Befriedigend (3)

Klassenleistungen: Sehr gut.

Berlin-Lankwitz, d. 27.1.39.

gez. Dr. W., Studienrat.

***

In „Mein Kampf" hatte Hitler Frankreich als den „Erbfeind" bezeichnet. „Nur in Frankreich", so führte er im Einzelnen aus, „besteht heute mehr denn je eine innere Übereinstimmung zwischen den Absichten der Börse, der sie tragenden Juden und den Wünschen einer chauvinistisch eingestellten nationalen Staatszunft. Allein gerade in dieser Identität liegt eine immense Gefahr für Deutschland. Gerade aus diesem Grunde ist und bleibt Frankreich der weitaus furchtbarste Feind. Dieses an sich immer mehr der Vernegerung anheimfallende Volk bedeutet in seiner Bindung an die Ziele der jüdischen Weltbeherrschung eine lauernde Gefahr für den Bestand der weißen Rasse Europas. Denn die Verpestung durch Negerblut am Rhein im Herzen Europas entspricht ebenso sehr der sadistisch-perversen Rachsucht dieses chauvinistischen Erbfeindes unseres Volkes, wie der eisig kalten Überlegung der Juden, auf diesem Wege die Bastardisierung des europäischen Kontinents im Mittelpunkte zu beginnen und der weißen Rasse durch die Infizierung mit niederem Menschentum die Grundlagen zu einer selbstherrlichen Existenz zu entziehen. Was Frankreich angespornt durch eigene Rachsucht, planmäßig geführt durch den Juden, heute in Europa betreibt, ist eine Sünde wider den Bestand der weißen Menschheit".[156] Frankreich ist nach Meinung Hitlers zu einem „Tummelplatz afrikanischer Negerhorden" geworden.[157] Dies habe solche Ausmaße angenommen, dass seiner Ansicht nach man bei Frankreich schon von einem afrikanischen Staat auf europäischem Boden sprechen muss.

Hitler führte aber auch aus, dass es notwendig ist, sich nicht zu zersplittern und gleichzeitig gegen mehrere Staaten vorzugehen, sondern sich auf ein Ziel zu konzentrieren.[158] „Der Schwerpunkt unserer Politik liegt im Osten. (...) Für die große Aufgabe der Ostkolonisation muß unser Volk vorbereitet und gestärkt werden", wurde in dem Aufsatz ausgeführt. Hitler hatte sich in „Mein Kampf" ausführlich zu dieser „Ostkolonisation" geäußert. Seiner Ansicht nach hatte „das deutsche Volk" nur zwei Möglichkeiten. Entweder es strebt ein Bündnis mit Russland gegen England an, um dann England deren Kolonien streitig zu machen, oder aber es bevorzugt ein Bündnis mit England gegen Russland, um dann eine „Bodenpolitik" im Osten zu betreiben.[159] Hitler sprach sich entschieden für die zweite Möglichkeit aus. Solch eine „Bodenpolitik" könne jedoch „nicht etwa in Kamerun ihre Erfüllung finden,

---

156 *A. Hitler*, Mein Kampf, S. 704 f.

157 Ebd., S. 711.

158 Ebd., S. 718 f. Weiter führte Hitler aus: „So sehr wir heute auch alle die Notwendigkeit einer Auseinandersetzung mit Frankreich erkennen, so wirkungslos bliebe sie in der großen Linie, wenn sich in ihr unser außenpolitisches Ziel erschöpfen würde. Sie kann und wird nur Sinn erhalten, wenn sie die Rückendeckung bietet für eine Vergrößerung des Lebensraumes unseres Volkes in Europa. Denn nicht in einer kolonialen Erwerbung haben wir die Lösung dieser Frage zu erblicken, sondern ausschließlich im Gewinn eines Siedlungsgebietes (...)." Ebd., S. 741.

159 Ebd., S. 157.

sondern heute fast ausschließlich nur mehr in Europa".[160] Die „Gewinnung neuen Bodens" sei nur im Osten zu erreichen.[161] Es könne „nicht Absicht des Himmels sein (...), dem einen Volke fünfzigmal so viel an Grund und Boden auf dieser Welt zu geben, als dem anderen".[162] Nach Ansicht von Hitler wäre schon im Ersten Weltkrieg solch eine Politik – nämlich „Stärkung der Kontinentalmacht durch Gewinnung neuen Bodens in Europa"[163] – nichtig gewesen. Stattdessen habe man sich auf die Kolonien konzentriert und habe dann auch noch diese Kolonialpolitik halbherzig betrieben.[164] Heute könne aber zusätzlicher Siedlungsraum nicht mehr mit dem Erwerb von Kolonien gewonnen werden. Wir Nationalsozialisten, so betonte Hitler, ziehen „bewußt einen Strich unter die außenpolitische Richtung unserer Vorkriegszeit. (...) Wir schließen endlich ab die Kolonial- und Handelspolitik der Vorkriegszeit und gehen über zur Bodenpolitik der Zukunft". Der Gewinn eines erweiterten Siedlungsgebiets könne nur im Osten liegen. „Wenn wir aber heute in Europa von neuem Grund und Boden reden, können wir in erster Linie nur an Rußland und die ihm untertanen Randstaaten denken.

Das Schicksal selbst scheint uns hier einen Fingerzeig geben zu wollen. Indem es Rußland dem Bolschewismus überantwortete, raubte es dem russischen Volke jene Intelligenz, die bisher dessen staatlichen Bestand herbeiführte und garantierte. Denn die Organisation eines russischen Staatsgebildes war nicht das Ergebnis der staatspolitischen Fähigkeiten des Slawentums in Rußland, sondern vielmehr nur ein wundervolles Beispiel für die staatenbildende Wirksamkeit des germanischen Elementes in einer minderwertigen Rasse. (...) Seit Jahrhunderten zehrte Rußland von diesem germanischen Kern seiner oberen leitenden Schichten. Er kann heute als fast restlos ausgerottet und ausgelöscht angesehen werden. An seine Stelle ist der Jude getreten. So unmöglich es dem Russen an sich ist, aus eigener Kraft das Joch der Juden abzuschütteln, so unmöglich ist es dem Juden, das mächtige Reich auf die Dauer zu erhalten. Er selbst ist kein Element der Organisation, sondern ein Ferment der Dekomposition. Das Riesenreich im Osten ist reif zum Zusammenbruch. Und das Ende der Judenherrschaft in Rußland wird auch das Ende Rußlands als Staat sein. Wir sind vom Schicksal ausersehen, Zeugen einer Katastrophe zu werden, die die gewaltigste Bestätigung für die Richtigkeit der völkischen Rassentheorie sein wird."[165]

Ziel der Nationalsozialisten sei es also keineswegs, lediglich die Grenzen von 1914 wieder herzustellen, sondern die nationalsozialistische Bewegung wird „stets ihre Außenpolitik von der Notwendigkeit bestimmen lassen, dem Leben unseres Volkes den nötigen Raum zu sichern.[166] Deutlich grenzt sich damit Hitler von den

---

[160] Ebd., S. 152.

[161] Ebd., S. 150.

[162] Ebd., S. 152.

[163] Ebd., S. 689.

[164] Vgl. ebd., S. 153.

[165] *A. Hitler*, Mein Kampf, S. 742 f.

[166] *Adolf Hitler*, Zweites Buch 1928, hrsg. von Gerhard L. Weinberg, Stuttgart 1961, S. 78.

anderen völkischen und nationalkonservativen Gruppierungen ab. „Ich will noch kurz Stellung nehmen zur Frage, inwiefern die Forderung nach Grund und Boden sittlich und moralisch berechtigt erscheint. Es ist dies notwendig, da leider selbst in den sogenannten völkischen Kreisen alle möglichen salbungsvollen Schwätzer auftreten, die sich bemühen, dem deutschen Volk als Ziel seines außenpolitischen Handelns die Wiedergutmachung des Unrechtes von 1918 vorzuzeichnen, darüber hinaus jedoch die ganze Welt der völkischen Brüderlichkeit und Sympathie zu versichern für nötig halten. Vorwegnehmen möchte ich dabei folgendes: Die Forderung nach Wiederherstellung der Grenzen des Jahres 1914 ist ein politischer Unsinn von Ausmaßen und Folgen, die ihn als Verbrechen erscheinen lassen."[167] Nach Hitler waren dies „Augenblicksgrenzen eines in keinerlei Weise abgeschlossenen politischen Ringens". Genauso gut könnte man irgendein anderes Stichjahr herausgreifen, „um in der Wiederherstellung der damaligen Verhältnisse das Ziel einer außenpolitischen Betätigung zu erklären".[168] Nur dem „gedankenlosen Schwachkopf" erscheint die Gestaltung unserer Erdoberfläche als unveränderlich, in Wahrheit werden Staatsgrenzen „durch Menschen geschaffen und durch Menschen geändert", so Hitler.[169] Hitler war sich durchaus im Klaren, dass solch eine Zielsetzung nur gewaltsam zu erreichen sei. „So wie unsere Vorfahren den Boden, auf dem wir heute leben, nicht vom Himmel geschenkt erhielten, sondern durch Lebenseinsatz erkämpfen mußten, so wird auch uns in Zukunft den Boden und damit das Leben für unser Volk keine völkische Gnade zuweisen, sondern nur die Gewalt eines siegreichen Schwertes."[170]

13. Viel Feind', viel Ehr'!

Deutscher Prüfungsaufsatz, Berlin-Steglitz,
den 23. 1. 1939

Was müssen wir Großstadtmenschen nicht alles tun, um uns nicht zu erkälten! Ich sehe es täglich bei meinen Kameraden: Wintermantel, Schal und Hut bei zehn Grad Wärme! Und bei einem Bauernjungen keine Spur von diesen Sachen. Hat man mal nasse Füße bekommen, dann fängt gleich die Sorge an: daß ich mich nur nicht erkälte! Hat man viel Aufgaben bekommen und ist zu faul, sie zu erledigen, dann sagt man dreist: Das merkt ja doch keiner, im übrigen kann mir alles gestohlen bleiben.

---

[167] *A. Hitler*, Mein Kampf, S. 736.

[168] Ebd.

[169] Ebd., S. 740.

[170] Ebd., S. 741. Weiter führte Hitler aus: „Ich muß mich dabei schärfstens gegen jene völkischen Schreiberseelen wenden, die in einem solchen Bodenerwerb eine ‚Verletzung heiliger Menschenrechte' zu erblicken vorgeben und demgemäß ihr Geschreibsel dagegen ansetzen. Man weiß ja nie, wer hinter einem solchen Burschen steckt. Sicher ist nur, daß die Verwirrung, die sie anzurichten vermögen, den Feinden unseres Volkes erwünscht und gelegen kommt." Ebd., S. 740.

Der Arbeitsdienst, die Wehrmacht und die Formationen sind die geeignetsten Mittel, den deutschen Menschen zu einem gesunden, (hier fehlt etwas).

Wenn wir die nationalsozialistische Bewegung in den Kampfjahren betrachten, dann wird uns sofort klar, was es heißt: viel Feind', viel Ehr'. Dieses Wort gilt sowohl für den einzelnen Menschen als auch für eine Gemeinschaft. Wie es den einzelnen Mann in den Jahren bisweilen aufrichtete, weil er stolz auf seinen Kampf sein konnte, so war es mit ein Leitwort, unter dem die Bewegung kämpfte und ein leuchtendes Beispiel dafür gab. Auf der Seite ihrer Feinde sah und sieht es ganz anders aus. Marxisten, Kommunisten und Reaktion haben zwar uns zum Feind, aber dennoch keine Ehre, weil sie auf ihren Kampf wahrlich nicht stolz sein können.

Den Sinn und damit den Geltungsbereich des Sprichwortes können wir erst richtig verstehen, wenn wir das Wort ‚Feind' näher betrachten. Wenn ein Mensch aus irgendeinem Grunde Feinde hat, so hat er damit noch keine Ehre. Von Ehre kann man immer nur sprechen, wenn irgendwie ein Kampf stattfindet, und wenn dieser Kampf offen und ehrlich geführt wird. Wenn dieser Mensch die Auseinandersetzung mit seinen Feinden meidet, sich still zurückzieht oder wenn er mit unlauteren Mitteln gegen seine Feinde anzugehen oder sie totzuschweigen sucht, dann erwirbt er sich damit keine Ehre.

Kämpfen muß der Mensch um seine Sache, seine Ideale, ehrenhaft. Er darf nicht stolz sein auf seine Feinde, er muß stolz auf den Kampf mit ihnen sein. Das Sprichwort kann man also nur verstehen, wenn man in dem Wort ‚Feind' den Begriff des ehrenhaften Kampfes sieht.

Zum tieferen Verständnis des Wortes wollen wir an Menschen denken wie Benz, Friedrich List, Giordano Bruno, Luther, also an Erfinder, Entdecker, Menschen mit umstürzenden Plänen, große Reformer. Sie alle standen auf sich selbst gestellt, fast alle ihre Mitmenschen standen gegen sie, und sie fochten einen heroischen Kampf.

Wenn wir uns so die große Reihe solcher Männer ansehen, dann entdecken wir, daß diese Menschen meistens germanischen Ursprungs sind, wobei der Begriff Germanen sehr weit gefasst sei. Diese Tatsache gibt uns die Erklärung dafür, warum das Sprichwort nur beschränkte Geltung hat. Es entstammt germanischer Weltanschauung, welche gegen ‚Feind' nur den ehrenhaften Kampf kennt.

Wenn es sich um einen Kampf mit Menschen einer anderen Rasse handelt, deren Weltanschauung in diesem Punkte ganz anders geartet ist, oder mit Menschen der eigenen Rasse, die den Idealen ihrer Rasse durch falsche Erziehung entfremdet worden sind, dann muß das Wort seine Gültigkeit verlieren, weil sich jene Menschen dann ganz anders verhalten, als es der Germane als selbstverständlich voraussetzt. Das Wort gilt dann nicht, wenn der Kampf unehrenhaft ist. Beispiele hierfür bieten sich uns leider in Fülle.

Denken wir an die Mörder eines SA-Mannes in der Kampfzeit. Sie überfielen den Wehrlosen mit Übermacht feige aus dem Hinterhalt; eine Art gegen seine Feinde vorzugehen, die mehr als schändlich ist.

Juden und Bolschewisten haben auch ihre Feinde, aber bei ihrem Kampf mit diesen setzen sie sich moralisch derart ins Unrecht, daß er ihnen zur Schande gereicht.

Wichtig ist zu beachten, daß die Sache oder die Ideale an sich, um die gekämpft wird, in keiner Beziehung zur Ehre des Kampfes stehen.

Jemand kann den Kampf um eine schlechte Sache ehrenvoll führen, ebenso wie vielleicht einer ein großes Ziel auf dunklen Wegen zu erreichen versucht. Die Ehre hängt von der Art des Kampfes ab, nicht von seinen Zielen. – *und von den Zielen.* –

Nur ist es meistens deshalb so, daß der Kampf um eine ungerechte Sache auch unehrenhaft geführt wird, weil die Menschen, die ihn führen, schlecht sind. Ebenso wird wohl meistens nur ein guter Mensch um hohe Ideale kämpfen, so dass der Kampf nur ehrenhaft sein kann.

Wir sehen also: Viele Feinde bedeuten noch keine Ehre, sondern erst dann, wenn ehrenhaft gekämpft wird. Da die Geltung dieses Wortes, wie so oft bei Sprichwörtern, nur beschränkt ist und bestimmte Voraussetzungen fordert, besteht die Gefahr, daß es an falscher Stelle angewendet wird. Mancher wird es zur Selbsttäuschung oder Rechtfertigung gebrauchen; es wird ihm aber doch nicht viel nützen.

Wir wissen jedenfalls heute, daß es für Deutschland immer eine Ehre ist, viele Feinde zu haben.

*

Der Aufsatz ist mit einem bestechenden Scharfsinn geschrieben. Wie sein Denken beherrscht der Verfasser auch seinen Ausdruck. Daß die Ziele, um deretwillen man Feinde hat, wesentlich sind für das Maß der Ehre, erkennt der Verfasser nicht. Er hat sich aber auch mit diesem Gedanken ernsthaft auseinandergesetzt.

Gut (2)

Klassenleistungen: Sehr gut.

Berlin-Lankwitz, d. 28.1.39.

gez. Dr. W. Studienrat.

***

„Wir wissen jedenfalls heute, daß es für Deutschland immer eine Ehre ist, viele Feinde zu haben“, wird in dem Aufsatz ausgeführt. Nun hat es dem nationalsozialistischen Deutschland an Feinden nicht gefehlt. Die Politik der Vertragsbrüche und Aggressionsakte führte zur Isolation Deutschlands und schließlich dazu, dass Deutschland fast nur noch Feinde hatte.

Der Austritt aus dem Völkerbund, die Einführung der allgemeinen Wehrpflicht, die forcierte Aufrüstung sowie die Rheinlandbesetzung waren nur der Auftakt zu einer Reihe weiterer Schritte. Die anderen Mächte reagierten auf diese Herausforderungen recht unterschiedlich. Während Frankreich und die Sowjetunion einen gegenseitigen Verteidigungspakt gegen eine mögliche deutsche Aggression abschlossen, betrieb England eine Beschwichtigungspolitik, die schließlich auch zu einem Abschluss eines Flottenabkommens führte.[171] Die USA verabschiedeten ein Neutralitätsgesetz, dessen Ziel es war, eine Verwicklung Amerikas in einen kommenden Krieg zu vermeiden.[172] Ernsthafte Gegenmaßnahmen unterblieben jedoch. Deutschland hatte die „Risikozone" passiert.

1937 erklärte Hitler voller Stolz: „Wir sind heute wieder eine Weltmacht geworden."[173] Am 5. November 1937 fand in der Reichskanzlei im engeren Kreise eine Geheimkonferenz statt.[174] Einleitend erklärte Hitler, dass der Gegenstand der heutigen Besprechung von „derartiger Bedeutung" sei, dass er sie nicht im großen Kreise des Reichskabinetts zum Gegenstand der Besprechung machen wolle.[175] Was Hitler nun vortrug, war nichts anderes als das Konzept, das er in „Mein Kampf" entwickelt hatte. Die deutsche Zukunft – so legte er dar – könne nur durch die Lösung der Raumnot gesichert werden. „Daß jede Raumerweiterung nur durch Brechen von Widerstand und unter Risiko vor sich gehen könne, habe die Geschichte aller Zeiten (...) bewiesen. (...) Weder früher noch heute habe es herrenlosen Raum gegeben, der Angreifer stoße stets auf den Besitzer."[176] Daraus zog Hitler die Konsequenz: „Zur Lösung der deutschen Frage könne es nur den Weg der Gewalt geben (...)."[177] Wenn man sich aber erst einmal zu der Gewaltlösung entschlossen habe, könne es nur noch um die Frage des „Wann" und „Wie" gehen. Sollte er noch am Leben sein[178], so „sei

[171] Das Flottenabkommen wurde am 18. Juni 1935 in London unterzeichnet. In ihm wurde das Verhältnis der deutschen und britischen Seestreitkräfte mit insgesamt 35 zu 100 festgelegt. Das Abkommen war ein Bruch des Versailler Vertrages, doch Großbritannien wollte ein Wettrüsten verhindern und wertete den Vertrag, mit dem Deutschland erstmals seit Ende des Ersten Weltkrieges in ein Rüstungsabkommen eingebunden wurde, als Erfolg seiner „Appeasement"-Politik. Hitler wiederum sah das Abkommen als ersten Schritt zu einem umfassenden Bündnis mit Großbritannien. Entsprechend dem in „Mein Kampf" entwickelten Konzept versuchte Hitler wiederholt, Großbritannien für eine Zusammenarbeit gegen die Sowjetunion und einen Kreuzzug gegen den Bolschewismus zu gewinnen, um freie Hand für eine Expansion im Osten zu bekommen. Die deutschen Ziele – so hatte er dort ausgeführt – liegen in Rußland und gegen eine freie Hand im Osten wäre er bereit, jedes Bündnis mit England zu schließen. Die Bündnisangebote Hitlers scheiterten jedoch, weil ein Kreuzzug gegen die Sowjetunion die Hegemonie des Deutschen Reichs in Europa begründet hätte, was Großbritannien nicht hinnehmen wollte.

[172] Vgl. *Walther Hofer*, Die Entfesselung des Zweiten Weltkrieges. Darstellungen und Dokumente. Düsseldorf 1984, S. 33.

[173] Zit. nach: *H.-U. Thamer*, Verführung und Gewalt, S. 557.

[174] Anwesend waren: Adolf Hitler (Reichskanzler), Generalfeldmarschall v. Blomberg (Reichskriegsminister), Generaloberst Freiherr v. Fritsch (Oberbefehlshaber des Heeres), Generaladmiral Raeder (Oberbefehlshaber der Kriegsmarine), Generaloberst Göring (Oberbefehlshaber der Luftwaffe), Freiherr v. Neurath (Reichsminister des Auswärtigen), Oberst Hoßbach (Hitlers Wehrmachts-Adjutant).

[175] Oberst Friedrich Hoßbach hatte ohne Auftrag eine Niederschrift der Besprechung angefertigt.

[176] *Hoßbach*-Niederschrift, zit. nach: Weltgeschichte im Aufriß, S. 419.

[177] Ebd., S. 420.

[178] In einer geheimen Ansprache vor den Propagandaleitern der Partei im Oktober 1937 erklärte Hitler, er „habe nach menschlichem Ermessen nicht mehr lange zu leben. In seiner

es sein unabänderlicher Entschluß, spätestens 1943/45 die deutsche Raumfrage zu lösen", nach dieser Zeit „sei nur noch eine Veränderung zu unseren Ungunsten zu erwarten".[179] In jedem Fall müsse es – so Hitler – „unser erstes Ziel sein, die Tschechei und gleichzeitig Österreich niederzuwerfen, um die Flankenbedrohung eines etwaigen Vorgehens nach Westen auszuschalten (...)." Hitler ging davon aus, „daß mit hoher Wahrscheinlichkeit England, voraussichtlich aber auch Frankreich die Tschechei bereits im Stillen abgeschrieben und sich damit abgefunden hätten, daß diese Frage eines Tages durch Deutschland bereinigt würde."[180]

Neu an diesen Ausführungen war zweierlei. Zum einen die Eile, mit der Hitler nun das außenpolitische Programm zu verwirklichen suchte. Dies hatte neben der persönlichen Befindlichkeit vor allem wirtschaftliche Gründe. Das vorgelegte Rüstungstempo hatte die nationale Wirtschaft an die Grenzen ihrer materiellen und finanziellen Ressourcen gebracht. Der geplante Krieg sollte vor allem auch ein Beutekrieg sein, der die nationale Volkswirtschaft entlasten sollte. Neu war ferner die veränderte Haltung gegenüber England. In „Mein Kampf" hatte Hitler noch zur „Gewinnung neuen Lebensraums" ein Bündnis mit England angestrebt. Nun war nicht mehr die Rede davon, England weiter entgegenkommen und in ein Bündnis zwingen zu wollen. Notfalls müssten die Ziele ohne oder sogar gegen England durchgesetzt werden. Erstmals sprach Hitler von der Möglichkeit eines Krieges mit England und Frankreich.

Die Ausführungen Hitlers riefen bei der Mehrheit der Anwesenden Betroffenheit und Bestürzung hervor. Vor allem Konstantin von Neurath, Werner von Blomberg und Werner Freiherr von Fritsch warnten mit aller Eindringlichkeit vor dem Risiko eines Krieges mit England und Frankreich; Hitler unterschätze deren militärische Mittel vollkommen.[181] Neurath, der nach dieser Besprechung tief erschüttert war und vergebens versucht hatte, Hitler von seinem Angriffsprogramm abzubringen, bat um seine Entlassung.[182] Für solch eine Politik wolle er nicht die Verantwortung mittragen. Auch die Tage von Blomberg und Fritsch waren gezählt. Mit Hilfe infamer Intrigen wurden beide ihrer Posten enthoben, Fritsch in den Selbstmord getrieben.

Der Weg war nun frei für eine weitere Radikalisierung der deutschen Außenpolitik. Im März 1938 erfolgte der Einmarsch in Österreich. Der deutschen Wirtschaft brachte der Anschluss Österreichs einen beträchtlichen materiellen Zugewinn. „Der deutschen Wirtschaft fiel insgesamt ein Gold- und Devisenbetrag von rund

---

Familie würden die Menschen nicht alt (...). Es sei daher notwendig, die Probleme, die gelöst werden müßten [Lebensraum!], möglichst bald zu lösen, damit dies noch zu seinen Lebzeiten geschehe." Zit. nach: *H.-U. Thamer*, Verführung und Gewalt, S. 562.

179 *Hoßbach*-Niederschrift, zit. nach: Weltgeschichte im Aufriß, S. 420.

180 Ebd. Hitler spricht verschiedene Fälle durch. Sollte der Fall eintreten, dass Frankreich durch einen Bürgerkrieg lahmgelegt sei, „so sei infolge Ausfall des gefährlichsten Gegners die Lage jederzeit zum Schlag gegen die Tschechei auszunutzen." Ebd., S. 421.

181 Vgl. *H.-U. Thamer*, Verführung und Gewalt, S. 563 f.

182 Vgl. ebd., S. 564.

1,4 Milliarden Reichsmark zu einem Zeitpunkt in die Hände, da die Reichsbank einen Barschatz von ganzen 76 Millionen besaß. Dazu kamen die österreichischen Eisenerzlager und die zahllosen brachliegenden Industriekapazitäten einschließlich einer industriellen Reservearmee von über einer haben Million Arbeitslosen, die eine Entlastung des überhitzten deutschen Arbeitsmarktes versprachen."[183]

Kaum war der Anschluss Österreichs vollzogen, da bereitete Hitler auch schon den nächsten Schlag vor. Sein Ziel war es nun, die Tschechoslowakei unter deutsche Kontrolle zu bringen. Dabei nutzte er die Nationalitätenkonflikte innerhalb der Tschechoslowakei für seine Pläne geschickt aus. Rund drei Millionen Sudetendeutsche lebten in dem am 28. Oktober 1918 neu gegründeten Staat. Hitler forderte die Abtretung des Sudetengebiets an das Deutsche Reich unter dem ständigen Verweis auf das Selbstbestimmungsrecht der Völker. Zugleich wurde betont, dies sei die letzte deutsche territoriale Forderung. In seiner Sportpalastrede vom 26. September 1938 erklärte Hitler: „Und nun steht vor uns das letzte Problem, das gelöst werden muß und gelöst werden wird! Es ist die letzte territoriale Forderung, die ich Europa zu stellen habe, aber es ist die Forderung, von der ich nicht abgehe, und die ich so Gott will, erfüllen werde." Zugleich versicherte er, an einer Auslöschung der Tschechoslowakei gar nicht interessiert zu sein. „Wir wollen keine Tschechen."[184] Er versicherte: Wenn dieses Problem gelöst ist, gäbe es für Deutschland in Europa keine territorialen Probleme mehr.

Unter Vermittlung des italienischen Diktators Benito Mussolini trafen sich am 29. September 1938 in München Hitler, Mussolini, der britische Premierminister Arthur Nevile Chamberlain und der französische Premierminister Edouard Daladier; die Tschechoslowakei und deren Bündnispartner Sowjetunion waren nicht geladen. Im Münchner Abkommen wurde die Abtretung des Sudetengebiets an das Deutsche Reich festgelegt. England und Frankreich garantierten den Bestand des tschechoslowakischen Reststaates.

Hitler hatte einen Triumph erzielt, dennoch war er mit dem Ergebnis unzufrieden. Entgegen allen Beteuerungen wollte er keine Teillösung, sondern die Kontrolle über die gesamte Tschechoslowakei. Mit dem Abkommen war ihm die Gelegenheit zum Losschlagen erst einmal genommen. Für Hitler jedenfalls stand nach München fest, dass er sich nicht noch einmal durch eine internationale Konferenz auf Teillösungen beschränken lassen würde.[185] Noch in seinem politischen Testament vom Februar 1945 trauerte er der „verpassten Gelegenheit" nach: „Man mußte den Krieg 1938 machen. Damals war die letzte Gelegenheit, den Krieg zu lokalisieren. Aber sie akzeptierten alles; wie Schwächlinge gaben sie allen meinen Forderungen nach. Unter solchen Voraussetzungen war es tatsächlich schwierig, einen Krieg vom Zaune

---

[183] *H.-U. Thamer*, Verführung und Gewalt, S. 579.

[184] Zit. nach: *H.-U. Thamer*, Verführung und Gewalt, S. 591.

[185] Vgl. ebd., S. 600.

zu brechen. Wir haben in München eine einmalige Gelegenheit verpaßt, den unvermeidlichen Krieg leicht und rasch zu gewinnen."[186]

Das Sudetengebiet war gerade dem Reich einverleibt, da verschärfte das Regime seinen Kurs. Am 9. November 1938 brannten in der Reichsprogromnacht zahlreiche jüdische Synagogen.[187] Einen Tag später hielt Hitler eine Geheimrede vor Vertretern der deutschen Presse.[188] Darin forderte er von den Journalisten und Funktionären des gesamten Propaganda-Apparates, dem deutschen Volk „langsam klarzumachen, daß es Dinge gibt, die, wenn sie nicht mit friedlichen Mitteln durchgesetzt werden können, mit den Mitteln der Gewalt durchgesetzt werden müssen." Die „pazifistische Platte" habe sich jetzt „bei uns abgespielt". Ihr glaubt man ohnehin nicht mehr.[189]

Am 14. März 1939 wurde Emil Hácha zu Verhandlungen mit Hitler nach Berlin bestellt. Nach einer stundenlangen Wartezeit wurde er schließlich weit nach Mitternacht empfangen. Hitler hielt einen seiner schier endlosen Monologe. Seine Geduld sei nun erschöpft, erklärte er zum Schluss. „Um sechs Uhr rücken von allen Seiten her die deutsche Armee in die Tschechei ein, und die deutsche Luftwaffe werde die Flughäfen besetzen." Es blieben nur zwei Möglichkeiten: Kampf oder eine gütliche Regelung. Als Göring dann auch noch drohte, Prag zu bombardieren, erlitt der Staatspräsident einen Herzanfall, der herbeigerufene Arzt konnte mit Spritzen den Zusammengebrochenen so weit wieder aufrichten, dass er noch die Unterwerfungsurkunde unterzeichnen konnte. In ihr hieß es, Ziel aller Bemühungen sei die Sicherung von Ruhe, Ordnung und Frieden. Um dieses Ziel zu erreichen, lege der tschechoslowakische Staatspräsident „das Schicksal des tschechischen Volkes und Landes vertrauensvoll in die Hände des Führers des Deutschen Reiches."[190] Zwei Stunden später überschritten deutsche Truppen die Grenze. Anders als in Wien wurden sie nicht mit Blumen, sondern von der Prager Bevölkerung schweigend, weinend und mit Hass empfangen. Hitler hatte zum ersten Mal ein fremdes Volk unterworfen. Damit hatte er aber auch den Bogen endgültig überspannt. England machte deutlich, dass die Grenzen der Zumutung und Konzessionen nun erreicht sei und dass man entschlossen war, jedem weiteren Übergriff Hitlers entgegenzutreten, auch wenn dies den großen Krieg bedeuten sollte.

Am 31. März 1939 gaben England und Frankreich Polen gegenüber Garantieerklärungen ab. Sie befürchteten, dass Polen das nächste Opfer nationalsozialistischer Aggressionspolitik werden könnte. Die Entwicklung gab ihnen recht. Hitler hatte seine weitgesteckten Lebensraumziele, wie er sie in „Mein Kampf" entwickelt hatte, nie aufgegeben. Ihm ging es nicht lediglich um die Revision von Versailles, sondern jede außenpolitische Aktion war nur die Voraussetzung für den nächsten

---

[186] Zit. nach: ebd., S. 599.

[187] Vgl. Anm. 114 dieser Arbeit.

[188] Die Rede in Auszügen auf S. 25 dieser Arbeit.

[189] Zit. nach: *H.-U. Thamer*, Verführung und Gewalt, S. 600.

[190] Zit. nach: ebd., S. 603.

Schritt, war nur Etappe auf dem Weg zum eigentlichen Ziel: der Lebensraumeroberung im Osten.

Dabei ging Hitler allerdings sehr geschickt vor. „Es war die bedenkenlose Bereitschaft zum Risiko und die anschließende Verbindung einer Gewaltaktion mit einer taktischen Friedensoffensive, die alle Chancen hatte, die ausländischen Mächte ebenso zu verwirren wie einst Hitlers innenpolitische Partner und Gegner, denen gegenüber er ja die gleiche Taktik angewandt hatte.“[191] In einer aufschlussreichen Rede am 5. April. 1940 im kleinen Kreis ging Joseph Goebbels auf die Frage ein, wie es möglich war, dass die europäischen Staaten Hitler so lange gewähren ließen, bis sie ihm endlich im September 1939 bei seinem Angriff auf Polen entgegentraten: „Bis jetzt ist es uns gelungen, den Gegner über die eigentlichen Ziele Deutschlands im Unklaren zu lassen, genauso wie unsere innenpolitischen Gegner bis 1932 gar nicht gemerkt haben, wohin wir steuerten, daß der Schwur auf die Legalität nur ein Kunstgriff war. Wir wollten legal an die Macht kommen, aber wir wollten sie doch nicht legal gebrauchen (...). Man hätte uns ja erdrücken können. Man hätte 1925 ein paar von uns in Haft nehmen können, und alles wäre aus und zu Ende gewesen. Nein, man hat uns durch die Gefahrenzone hindurchgelassen. Genauso war das in der Außenpolitik (...). 1933 hätte ein französischer Ministerpräsident sagen müssen (und wäre ich französischer Ministerpräsident gewesen, ich hätte es gesagt): Der Mann ist Reichskanzler geworden, der das Buch ‚Mein Kampf‘ geschrieben hat, in dem das und das steht. Der Mann kann nicht in unserer Nachbarschaft geduldet werden. Entweder er verschwindet, oder wir marschieren. Das wäre durchaus logisch gewesen. Man hat darauf verzichtet. Man hat uns gelassen, man hat uns durch die Risikozone ungehindert durchgehen lassen (...).“[192]

14. Worin findest du die deutschen Kraftquellen in diesem Kriege?

Deutscher Prüfungsaufsatz, Gymnasium zu Berlin-Steglitz,
den 29. 1. 1940

Es ist Wirklichkeit geworden, wozu Alljuda und seine Kriegstreiber gehetzt und wozu sie vorbereitet hatten: England und Frankreich erklären dem deutschen Reiche den Krieg.[193] Mißgunst und Haß gegen uns, die wir ein freies und herrliches Reich bauen, waren ihre wahren Gründe; nicht der Schutz um Demokratien und die Sorge um das Schicksal kleiner Völker hatte sie, wie sie uns glauben machen wollen, veranlaßt, den Kriegsbrand zu schüren.

---

[191] *H.-U. Thamer*, Verführung und Gewalt, S. 542 f.

[192] Zit. nach: *Andreas Hillgruber*, Deutschlands Rolle in der Vorgeschichte der beiden Weltkriege, Göttingen 1967, S. 76 f.

[193] Nun war das Judentum – diesen Ausführungen folgend – nicht nur schuld am verlorenen Ersten Weltkrieg, sondern auch noch am Ausbruch des Zweiten Weltkrieges.

Wie vor 25 Jahren stehen sich gewaltige Mächte im Völkerringen einander gegenüber; aber wir besitzen größere Kraftquellen als damals. Seitdem der Führer die Macht übernahm, machte er sein Lebensziel wahr, das deutsche Volk geistig und materiell zu stärken, um auf jeden Fall bei einer Herausforderung gerüstet dazustehen.

Wir wollen nun diese Kraftquellen suchen, zunächst die geistigen. Wir müssen bei diesen Betrachtungen stets von der Zeit ausgehen, in der sie entstanden sind.

Der stärkste Born ist unser Führer. Jede Aufgabe und Arbeit, die er sich vorgenommen hatte, führte er zum Erfolg. Allen Deutschen kam die Erkenntnis, wie er sich für jeden Volksgenossen einsetzte und für seine Zukunft sorgte. So wuchs in allen das Vertrauen zum Führer. Wenn wir sagen: was der Führer macht, ist recht, so ist das ein Zeichen unseres Glaubens an ihn. Da er unser Vertrauen nie enttäuschte, ist unser Zusammenhalt mit ihm so stark wie nie zuvor.

Wenn aber alle Deutschen zu ihrem Führer halten, dann muß sich auch eine Gemeinschaft entwickeln; da doch Leute, die dasselbe Ziel haben, sich auch einander anpassen. In dieser Weise entfaltete sich in unserem Volke die Volksgemeinschaft. Der Führer förderte dieses Streben, so sehr er nur konnte; denn er wußte, daß nur ein durch die Gemeinschaft zusammengeschweißtes Volk etwas Großes leisten kann; er betraute seine Partei mit dieser Aufgabe. Er hatte schon längst erkannt, daß er seine gewaltigen Zukunftspläne nur verwirklichen kann, wenn er sich auf ein Volk, das einen einzigen Willen, nämlich seinen eigenen, hat, stützen kann. Jeder von uns ist von diesem Gemeinschaftsgefühl beseelt. Das sahen wir, als sich unendlich viele freiwillig meldeten, um denen, die durch den Krieg am meisten betroffen wurden, zu helfen. Wir wissen, wie sich unsere Volksgenossen im Reich um die angenommen hatten, die aus dem westlichen Grenzabschnitt flüchten und den heimatlichen Boden aufgeben mußten. Wir merken es im täglichen Leben, wie für die Frauen gesorgt wird, die die Arbeit ihres an der Front stehenden Mannes tun; wie ihnen die Sorgen um Kinder und Haushalt nachbarlich abgenommen werden. Auch anderswo steht das deutsche Volk wie ein Mann in der Abwehr der feindlichen Lügenpropaganda, der wir nicht mehr unterliegen werden. Und so hätten wir noch ungezählte Beispiele für den Zusammenhalt unseres Volkes.

Aber auch die Toten mahnen uns eindringlich, uns fester zusammenzuschließen. Das Vermächtnis der Soldaten des Weltkrieges, die ihr höchstes Gut, ihr Leben, gegeben haben, darf nicht unerfüllt bleiben; nicht umsonst dürfen die Blutopfer der Bewegungen an der Feldherrnhalle und überall in deutschen Landen gebracht sein; nicht zwecklos darf es sein, daß zehntausend ihren Einsatz für den Führer und ihren Glauben an die Ewigkeit unseres Volkes im Feldzug gegen Polen und im Kampfe, der um uns tobt, mit dem Tode besiegelt haben, und daß darum noch viele fallen.

Dieses Vermächtnis der Toten lenkt uns zum Glauben an die Ewigkeit unseres Volkes hin; es ist der Sinn und der Zweck unseres Lebens, uns dafür einzusetzen, worin uns unsere Toten und Gefallenen bestärken. Sie gaben ihr Leben hin, damit wir frei und stark sind.

Auch der Glaube an unseren Herrgott gibt uns die feste Zuversicht, daß wir dieses Ringen siegreich bestehen. Denn wir glauben, daß das Gute und Aufrichtige über das Böse und Zerstörende siegen wird. So stellen wir uns Gott als den Inbegriff des siegreichen reinen Glaubens vor. Und er wird auch unserem Volke beistehen, da wir für eine aufrechte und edle Sache kämpfen und da auf unserer Seite das Recht steht.

Aber nicht nur geistig hat uns der Führer gerüstet, sondern auch materiell. Er verfolgte das Ziel, unser Land wirtschaftlich vom Auslande unabhängig zu machen. Er kannte nur allzu gut die Fehler der Wirtschaftspolitik des alten Kaiserreiches. Man hatte damals eine Wirtschaft ausgebaut, die auf eingeführte Rohstoffe angewiesen war und ihre Fertigerzeugnisse zum Teil wieder ausführte. Gleich bei Kriegsbeginn schnitten die Feinde unsere Zufuhrwege ab. Man suchte Hilfsquellen im eigenen Lande, als es zu spät war. Ebenso ging es mit der Ernährungswirtschaft. So mußte man Tausende von Schweinen und Rindvieh hinschlachten, da deren Ernährung größtenteils aus eingeführten Futtermitteln bestand. Diese Fehlplanung verhinderte der Führer von Anfang an. – *Wir müssen auch heute Nahrungs- und Futtermittel i. gr. Umfange einführen, desgl. viele Rohstoffe.* –

Durch den Vierjahresplan wurde unsere Nahrungs- und Rohstoffgrundlage ausgebaut. Die Erträge des Bodens wurden planmäßig durch die Erzeugungsschlachten des Reichsnährstandes gesteigert; Wiesen und Äcker wurden vor Hochwasser und anderen Schäden gesichert; fruchtbares Land wurde dem Meere abgerungen. Der Verbrauch der Bodenerzeugnisse wurde geregelt. Unsere Rohstoffgrundlage wurde verbreitert durch die gesteigerte Ausbeutung der Vorkommen. – *Welche?* – Vorkommen, die bisher als nicht wirtschaftlich in der Erde verblieben, wurden durch die Hermann-Göring-Gesellschaft gefördert, verhüttet und zu Fertigwaren verarbeitet. Auf dieser wirtschaftlichen Grundlage konnte unsere Streitmacht aufgebaut werden, ohne daß wir vom Auslande abhängig waren. – *Das ist ein schwerer Irrtum. Übrigens haben d. H.-G.-Werke seit Ende 1939 erst* einen *Hochofen im Betrieb.* –

Daß sich unsere Wirtschaftspolitik gelohnt hat, erkennen wir jetzt deutlich. Die Umstellung auf Kriegswirtschaft ist verhältnismäßig leicht gegangen. Die erforderlichen Rohstoffe sind reichlich da. – *Weil vor d. Kriege gewaltig gestapelt worden ist.* – Auch die Nahrungsmittel sind in der Menge vorhanden, daß keiner Mangel leidet.

Noch dazu unterstützen uns unsere Freunde. Rußland liefert Getreide, Erze und Erdöl[194]; von Skandinavien kommen Erzladungen; von Italien und dem Südostmarkt

---

[194] Am 24. August 1939 wurde der deutsch-sowjetische Nichtangriffspakt unterzeichnet. In einer Reihe von Wirtschaftsabkommen wurde vereinbart, dass Deutschland Technologie und Maschinen und die Sowjetunion große Mengen Getreide und Nahrungsmittel sowie Erdölprodukte und Nichteisenmetalle liefert. Das „Bündnis" mit der Sowjetunion hatte für Hitler taktische Bedeutung; seine bereits in „Mein Kampf" dargelegten Lebensraum-Ziele im Osten hatte er keineswegs aufgegeben. Bereits am 11. August 1939 erklärte er: „Alles, was ich unternehme, ist gegen Rußland gerichtet; wenn der Westen zu dumm und zu blind ist, um dies zu begreifen, werde ich gezwungen sein, mich mit den Russen zu verständigen, den Westen zu

können wir landwirtschaftliche Erzeugnisse beziehen; vom Fernen Osten rollen Züge mit Sojabohnen und Erzen an. Zum Austausch liefern wir unsere begehrten hochwertigen Fertigwaren.

Während wir in regem Güteraustausch mit dem Norden, Süden und Osten stehen, ist England von seinen Hilfsquellen seiner fern liegenden Kolonien durch unsere U-Boote und Seestr. ziemlich abgeschnitten, wie wir auch gegen Frankreich erfolgreichen Handelskrieg führen. Wie die Feinde im Weltkriege gegen uns vorgingen, so zwangen sie uns heute zu derselben Kriegsführung, nämlich Aushungerung.

Wenn wir all das Vorherige zusammenfassen, so erhalten wir, da wir geistig und wirtschaftlich so hervorragend gerüstet sind, die Überzeugung, daß wir diesen Krieg siegreich zu Ende führen.

*

Ganz richtig erfaßt ist d. Th. nicht. Zum Letzten dringt Vf. nicht vor. Es werden zu oft nicht d. eigentlichen Kraftqu. selbst herausgefunden u. angegeben, sondern nur d. Grundlagen u. Voraussetzungen dafür. (...) Wenn nun diese Ausführgn. auch an d. Kern d. Dinge vorbeigehen, so ist immerhin d. Stoff brauchbar, nur fehlt d. formende Hand. Das Letzte ist innerlich, das hat Vf. nicht erkannt. Wenn d. seelischen Kräfte versagen, dann nützt alles Äußere nichts. Auf sie also, als auf d. eigentlichen Kraftqu., mußte man zurückgehen. Merkwürdig, daß nichts gesagt wird über d. Kräfte, die aus unserer militär. Rüstung u. Lage erwachsen. (...) Die Darstellung ist oft wenig geschickt (falsche Ztn., Undeutlichkeiten, Gedankensprünge).

Aber trotz einigen Bedenkens noch

Befriedigend.

Die Klassenleistungen waren

ausreichend.

gez. Dr. P., Studienrat.

***

Am 30. Januar 1939 verkündete Hitler in einer Rede: „Ich bin in meinem Leben sehr oft Prophet gewesen und wurde meistens ausgelacht. In dieser Zeit meines Kampfes um die Macht war es in erster Linie das jüdische Volk, das nur mit Gelächter meine Prophezeiungen hinnahm, ich würde einmal in Deutschland die Führung des Staates und damit des ganzen Volkes übernehmen und dann unter vielen anderen auch das jüdische Problem zur Lösung bringen. Ich glaube, daß dieses damalige schallende Gelächter dem Judentum in Deutschland unterdes wohl schon in der Kehle erstickt ist. Ich will heute wieder ein Prophet sein: Wenn es dem internationalen Finanzjudentum innerhalb und außerhalb Europas gelingen sollte, die Völker noch einmal in einen Weltkrieg zu stürzen, dann wird das Ergebnis nicht die Bolschewisierung der Erde und damit der Sieg des Judentums sein, sondern die Ver-

---

schlagen, und dann nach seiner Niederlage mich mit meinen versammelten Kräften gegen die Sowjetunion zu wenden." Zit. nach: *E. Aleff*, Mobilmachung, S. 174.

nichtung der jüdischen Rasse in Europa."[195] Das sagte der Mann, der seit Jahren auf einen Krieg hin arbeitete und mit dem Überfall auf Polen im September 1939 den Zweiten Weltkrieg auslöste. Bereits im August 1936 entwarf Hitler eine Denkschrift zum Vierjahresplan, in der hieß es: „Wir sind überbevölkert und können uns auf der eigenen Grundlage nicht ernähren (...). Die endgültige Lösung liegt in einer Erweiterung des Lebensraumes (...). Ich stelle damit folgende Aufgabe:

I. Die deutsche Armee muß in vier Jahren einsatzfähig sein.

II. Die deutsche Wirtschaft muß in vier Jahren kriegsfähig sein."[196]

Für einen künftigen Krieg sollte die Wirtschaft des Deutschen Reiches autark gemacht werden. Auf dem „Parteitag der Ehre" im September 1936 übertrug Hitler Hermann Göring die Leitung des Vierjahresplanes.[197]

In Ergänzung zu diesen Forderungen wurden zwei Gesetze verabschiedet. Das erste sollte bei Wirtschaftssabotage die Todesstrafe festsetzen, das andere wollte „das gesamte Judentum haftbar (machen) für alle Schäden, die durch einzelne Exemplare dieses Verbrechertums der deutschen Wirtschaft und damit dem deutschen Volk zugefügt wurden."[198]

Hitler hatte nach 1933 zunächst eine Annäherung an Polen angestrebt, die im Januar 1934 zu einem deutsch-polnischen Nichtangriffspakt führte. Seine weitgesteckten „Lebensraum"-Vorstellungen hatte er damit allerdings keineswegs aufgegeben. Polen war zunächst die Rolle eines Juniorpartners angedacht, dem bei späteren Gebietsansprüchen von deutscher Seite territoriale Kompensationen im Baltikum und Westrußland angeboten werden konnten. Die Weigerung Polens, sich in ein Kriegsbündnis gegen die Sowjetunion einbinden zu lassen, führte zu einem Wechsel der deutschen Politik gegenüber Polen. Hitler erklärte nun, dass Polen „so niedergeschlagen werden müsse, dass es in den nächsten Jahrzehnten als politischer Faktor nicht mehr in Rechnung gestellt zu werden braucht."[199] Für ihn stand fest, dass Polen sein nächstes Opfer sein sollte.[200]

„Der Führer braucht einen Kriegsgrund", mit diesen Worten meldete sich Reinhard Heydrich im August 1939 bei einer Gestapostelle an der polnischen

---

[195] Hitler am 30.1.1939. Zit. nach: *Helmut Krausnick*, Judenverfolgung, in: Anatomie des SS-Staates, Bd. II, Freiburg 1965, S. 340.

[196] Zit. nach: *U. D. Adam*, Judenpolitik im Dritten Reich, S. 113.

[197] Vgl. ebd.

[198] Zit. nach: ebd.

[199] Hitler an von Brauchitsch am 25.3.1939. Zit. nach: *Michael Wildt*, Generation des Unbedingten. Das Führungskorps des Reichssicherheitshauptamtes. Hamburg 2002, S. 420.

[200] In einer Besprechung mit der Führung der Streitkräfte erklärte Hitler bereits am 23. Mai 1939, es bleibe bei dem Entschluss, „bei erster passender Gelegenheit Polen anzugreifen" und zehn Tage vor dem Überfall auf Polen sagte Hitler vor der Heeresführung: „Ich habe nur Angst, dass mir noch im letzten Moment irgendein Schweinehund einen Vermittlungsplan vorlegt." Zit. nach: *Frankfurter Allgemeine Zeitung* vom 11.9.2010, S. 2. Vgl. auch: *K. D. Bracher*, Die deutsche Diktatur, S. 347.

Grenze. Heydrich war von Hitler höchstpersönlich damit beauftragt, die Inszenierung von fingierten polnischen Übergriffen vorzubereiten. Heydrich hatte vor, ein geheimdienstliches „Meisterstück" zu liefern, das dem „Führer" die Möglichkeit gab, den deutschen Überfall auf Polen als Reaktion auf einen polnischen Angriff darzustellen.

Am Vorabend des 1. September 1939 hatte ein SD-Kommando unter Alfred Naujocks den deutschen Sender Gleiwitz überfallen. Getötete KZ-Häftlinge in polnischer Uniform wurden als „Beweis" einer polnischen Provokation hinterlassen.[201] In seiner Reichstagsrede vom 1. September 1939 erklärte Hitler, es werde jetzt „zurückgeschossen".[202] Überfallartig und ohne Kriegserklärung beginnt Hitler den Krieg gegen Polen. Den schnell vorrückenden deutschen Truppen folgten spezielle Einsatzgruppen. Entsprechend der Aufstellung von fünf Armeen wurden unter dem Decknamen „Unternehmen Tannenberg" zusätzlich fünf Einsatzgruppen gebildet und jeder Armee eine von ihnen zugeteilt.[203] Später kam dann noch speziell für die Provinz Posen eine Einsatzgruppe VI hinzu und für das oberschlesische Industriegebiet wurde eine Einsatzgruppe z. b. V. gebildet.[204] Aufgabe der Einsatzgruppen war zunächst die Erfassung und Festsetzung der Führer und Mitglieder bestimmter polnischer Verbände und Institutionen, die als besonders deutschfeindlich galten. Neben verschiedenen nationalen polnischen Verbänden waren dies besonders die Kommunisten und Teile des katholischen Klerus.[205] In zunehmendem Maße entwickelten sich die Einsatzgruppen aber zu Vollzugsorganen einer nationalsozialistischen Ausrottungspolitik. Nach dem Hitler-Stalin-Pakt vom August 1939 war die Kolonisations- und Herrenrassenpolitik der Nationalsozialisten im Osten zunächst auf den polnischen Raum beschränkt. Hitler selber hatte diese so formuliert: „Für die Polen dürfe es nur *einen* Herren geben, und das sei der Deutsche; ... daher seien alle Vertreter der polnischen Intelligenz umzubringen. Dies klinge hart, aber es sei nun einmal das Lebensgesetz."[206] Vorgesehen war eine „politisch-völkische Flurbereinigung". Bereits am 7. September 1939 hatte Heydrich erklärt: „Die führende Bevölkerungsschicht in Polen soll so gut wie möglich unschädlich gemacht werden. Die

---

201 Vgl. *M. Wildt*, Generation des Unbedingten, S. 428.

202 Vgl. *W. Hofer*, Die Entfesselung des Zweiten Weltkrieges, S. XXI f.

203 Die Einsatzgruppen in Polen hatten Vorläufer in den vorangegangenen Schauplätzen nationalsozialistischer Expansion. Bereits in Österreich, Sudetenland und Tschechoslowakei waren „gemäß Sonderbefehl des Führers" – wie Heydrich rückblickend feststellte – besondere Einsatzgruppen gebildet worden, die „heftige Schläge gegen die reichsfeindlichen Elemente in der Welt aus dem Lager von Emigration, Freimaurerei, Judentum und politisch-kirchlichem Gegnertum sowie der 2. und 3. Internationale" führten. Vgl. *Helmut Krausnick*, Hitlers Einsatzgruppen: Die Truppe des Weltanschauungskrieges 1938–1942, Frankfurt a. M. 1985, S. 13.

204 Jede der Einsatzgruppen I-VI bestand aus zwei bis vier Einsatzkommandos von je 120–150 Mann. Es gab im Ganzen 16 Einsatzkommandos mit einer Gesamtstärke von etwa 2.700 Mann. Die Mehrzahl von ihnen entstammte dem von Heydrich organisierten Sicherheitsdienst (SD). Vgl. ebd., S. 28.

205 Vgl. ebd., S. 35.

206 Zit. nach: ebd., S. 27, Hervorhebung im Original.

restlich verbleibende niedrige Bevölkerung wird keine besonderen Schulen erhalten, sondern in irgendeiner Form heruntergedrückt werden."[207] Entsprechend dieser „völkischen Flurbereinigung" sollten Judentum, Intelligenz, Geistlichkeit, Adel liquidiert werden. Polnische Lehrer, Ärzte, Beamte, Geistliche, Gutsbesitzer und Kaufleute wurden verhaftet und in KZ's gebracht. Polen sollte seiner Oberschicht, seiner Kultur beraubt werden.[208] Bereits am 21. September 1939 konnte Heydrich feststellen: „Die Lösung des Polenproblems – wie schon mehrfach ausgeführt – unterschiedlich nach der Führerschicht (Intelligenz der Polen) und der unteren Arbeiterschicht des Polentums. Von dem politischen Führertum sind in den okkupierten Gebieten höchstens noch 3 % vorhanden. Auch diese 3 % müssen unschädlich gemacht werden und kommen in KZs. (...) Die primitiven Polen sind als Wanderarbeiter in den Arbeitsprozess einzugliedern (...)."[209] Die Zahl der Opfer aus der polnischen Oberschicht wird auf „einige Zehntausende" geschätzt.[210] Zugleich wurden bis Ende 1942 rund 1 Million Polen aus der „niedrigen" Bevölkerung als Zwangsarbeiter nach Deutschland deportiert.[211]

Die Verbrechen vor allem der deutschen Einsatzgruppen an der polnischen Bevölkerung hatten auch bei Deutschen Abscheu hervorgerufen. Generalmajor Hellmuth Stieff hatte den Polenfeldzug mitgemacht und sich wegen der dort verübten Massenmorde zum Gegner des Nationalsozialismus entwickelt. Zu den Verbrechen der deutschen Einsatzgruppen schrieb er: „Die blühendste Phantasie einer Greuelpropaganda ist arm gegen die Dinge, die eine organisierte Mörder-, Räuber- und Plünderbande unter angeblich höchster Duldung dort verbricht. Da kann man nicht mehr von ‚berechtigter Empörung über an Volksdeutschen begangenen Verbrechen' sprechen. Diese Ausrottung ganzer Geschlechter mit Frauen und Kindern ist nur von einem Untermenschentum möglich, das den Namen Deutsch nicht mehr verdient. Ich schäme mich, ein Deutscher zu sein! Diese Minderheit, die durch Morden, Plündern und Sengen den deutschen Namen besudelt, wird das Unglück des ganzen deutschen Volkes werden, wenn wir ihnen nicht bald das Handwerk legen."[212]

---

[207] Zit. nach: *M. Wildt*, Generation des Unbedingten, S. 449.

[208] Zugleich sollten die „niedrigen" Polen keine weiterführende Bildung erhalten. „Den Polen dürfen nur solche Bildungsmöglichkeiten zur Verfügung gestellt werden, die ihnen die Aussichtslosigkeit ihres völkischen Schicksals zeigen." Hans Frank am 31. Oktober 1939 im Beisein von Goebbels und anderer NS-Größen. Zit. nach: *Josef Wulf*, Das Dritte Reich und seine Vollstrecker, Berlin 1961, S. 352.

[209] Zit. nach: *M. Wildt*, Generation des Unbedingten, S. 458.

[210] *Martin Broszat*, Nationalsozialistische Polenpolitik 1939–1945, Stuttgart 1961, S. 44. Im Allgemeinen werden 60–80.000 angenommen.

[211] Vgl. ebd., S. 108.

[212] Brief an seine Frau vom 31. 10. 1939. Zit. nach: *Wolfgang Marienfeld*, Konferenzen über Deutschland, Teil I (1941–1944), Hannover 1962, S. 9 f.

Generalmajor Stieff schloss sich später dem Widerstand um Oberst Graf Stauffenberg an, wurde in der Nacht vom 20. auf den 21. Juli 1944 im Führerhauptquartier Wolfsschanze verhaftet und schwer misshandelt. Der „Volksgerichtshof" unter Roland Freisler verurteilte ihn am

Auch der Oberbefehlshaber Ost, Generaloberst Johannes Blaskowitz, wandte sich in einem Memorandum bei Hitler gegen die Massenmorde. „Es ist abwegig, einige 10000 Juden und Polen, so wie es augenblicklich geschieht, abzuschlachten. (...) Die sich in aller Öffentlichkeit abspielenden Gewaltakte gegen Juden erregen bei den religiösen Polen nicht nur tiefste Abscheu, sondern ebenso großes Mitleid mit der jüdischen Bevölkerung. (...) In kürzester Zeit wird es dahin kommen, daß unsere Erzfeinde im Ostraum – der Pole und der Jude, dazu noch besonders unterstützt von der katholischen Kirche – sich in ihrem Haß gegen ihre Peiniger auf der ganzen Linie gegen Deutschland zusammenfinden werden. (...) Der schlimmste Schaden jedoch, der dem deutschen Volkskörper aus den augenblicklichen Zuständen erwachsen wird, ist die maßlose Verrohung und sittliche Verkommenheit, die sich in kürzester Zeit unter wertvollem deutschen Menschenmaterial wie eine Seuche ausbreiten wird.“[213]

In den westpolnischen Gebieten sollte durch ethnische Säuberungen deutscher Siedlungsraum geschaffen werden. Die Gebiete Westpolens, die nach dem Versailler Friedensvertrag Polen zugesprochen worden waren, sollten wieder in das Reichsgebiet eingegliedert werden. Die restlichen vom nationalsozialistischen Deutschland militärisch besetzten polnischen Gebiete wurden zu einem unter deutscher Verwaltung stehenden „Generalgouvernement“ zusammengefasst. Die westpolnischen Gebiete sollten „eingedeutscht“ werden. Es waren umfassende Umsiedlungen vorgesehen. Diese Gebiete sollten von den dort nach 1918 eingewanderten Polen „geräumt“ werden. Für sie waren nicht nur Neusiedler aus dem „Altreich“ vorgesehen. Auch Baltendeutsche aus Estland, Litauen und Lettland wurden zwangsweise „rückgesiedelt“ und mussten ihre Gutshäuser und Bauernhöfe aufgeben, um die von Polen geräumten Höfe zu übernehmen. Gleichzeitig wurden bis zum Februar 1940 rund 300.000 Polen ins Generalgouvernement „umgesiedelt“; bis zum Sommer 1941 waren es eine Million Polen, die aus ihrer Heimat vertrieben wurden.[214] Juden, die als Angehörige der Oberschicht nicht sofort liquidiert wurden, sollten zunächst in Ghettos konzentriert, später in ein unter deutscher Überwachung stehendes Judenreservat östlich der Weichsel abgeschoben werden.[215] Zum Generalgouverneur der besetzten polnischen Gebiete wurde Hans Frank ernannt.

Hans Frank wurde am 23. Mai 1900 in Karlsruhe als Sohn eines Anwalts geboren. Nach dem Ersten Weltkrieg schloss er sich dem von Franz Ritter von Epp geführten „Freikorps Epp“ an, das an der Niederschlagung der Münchner Räterepublik beteiligt war. Bereits 1919 wurde er Mitglied der Deutschen Arbeiterpartei (DAP) und

---

8. August 1944 zum Tode, noch am gleichen Tage wurde er auf ausdrücklichen Befehl Hitlers in Plötzensee erhängt.

[213] Zit. nach: *J. Wulf*, Das Dritte Reich und seine Vollstrecker, S. 352 ff. Selbstverständlich wurde Blaskowitz kurz darauf abgelöst.

[214] Vgl. *H.-U. Thamer*, Verführung und Gewalt, S. 637.

[215] Vgl. *U. D. Adam*, Judenpolitik im Dritten Reich, S. 174. An der Weichsel sollte dabei ein „unbezwingbarer Ostwall“ errichtet werden.

im Jahr 1923 erfolgte die Aufnahme in die SA und NSDAP. Frank beteiligte sich am „Hitlerputsch" und flüchtete anschließend nach Italien. Nach seinem Jura-Studium begann er 1927 in München als Anwalt zu praktizieren und verteidigte auch Hitler mehrere Male, so z. B. auch 1930 vor dem Leipziger Reichsgericht, als Hitler die Legalität der Partei beschwor.[216]

Nach 1933 wurde Frank bayerischer Justizminister, Leiter des Rechtsamts der NSDAP und Reichsführer des NS-Juristenbundes. Als Generalgouverneur der besetzten polnischen Gebiete residierte er in schwelgerischem Luxus in der alten Königsburg zu Krakau, wo er üppige Feste feierte, während die Bevölkerung unter Hunger litt. Gegenüber einem Korrespondenten einer NS-Zeitung äußerte er: „In Prag waren z. B. große rote Plakate angeschlagen, auf denen zu lesen war, daß heute sieben Tschechen erschossen worden sind. Da sagte ich mir, wenn ich für je sieben erschossene Polen ein Plakat aufhängen lassen sollte, dann würden die Wälder Polens nicht ausreichen, das Papier herzustellen für solche Plakate."[217] Noch brutaler ging Frank gegen die Juden vor. Am 9. September 1941 erklärte er: „Wir müssen die Juden vernichten, wo immer wir sie treffen und wo es irgend möglich ist (...). Jedenfalls müssen wir aber einen Weg finden, der zum Ziele führt. Und ich mache mir darüber meine Gedanken. Die Juden sind auch für uns außergewöhnliche, schädliche Fresser. Wir haben im Generalgouvernement schätzungsweise 2,5, vielleicht mit dem Jüdisch-Versippten und dem, was alles daran hängt, jetzt 3,5 Millionen Juden. Diese 3,5 Millionen Juden können wir nicht erschießen. Wir können sie nicht vergiften, werden aber doch Eingriffe vornehmen können, die irgendwie zu einem Vernichtungserfolg führen, und zwar im Zusammenhang mit den vom Reich her zu besprechenden großen Maßnahmen. Das Generalgouvernement muß genau so judenfrei werden, wie es das Reich ist. Wo und wie das geschieht, ist eine Sache der Instanzen, die wir hier einsetzen und schaffen müssen, und deren Wirksamkeit ich Ihnen rechtzeitig bekannt geben werde."[218] Im Nürnberger Kriegsverbrecherprozess wurde Frank als „Judenschlächter von Krakau" bezeichnet und als Kriegsverbrecher zum Tode verurteilt.

Frank ging davon aus, dass bei den Umsiedlungsaktionen von einhalb bis dreiviertel aller polnischen Juden in das Gebiet östlich der Weichsel eine „natürliche" Dezimierung stattfinden würde. Er bat, bei den Juden „nicht viel Federlesens" zu machen und begrüßte es, „die jüdische Rasse endlich einmal körperlich angehen zu können", denn: „je mehr sterben, desto besser".[219] Während des Krieges sollten Juden auch aus dem Reich so schnell wie möglich entfernt werden; das Generalgouvernement sollte als Auffangplatz dienen, um „das alte und neue Reichsgebiet zu säubern von Juden, Polacken und Gesindel".[220]

---

[216] Vgl. Anm. 2 in Kap. II. dieser Arbeit.

[217] Zit. nach: *Robert Wistrich*, Wer war wer im Dritten Reich. München 1983, S. 74.

[218] Zit. nach: *L. Poliakov/J. Wulf*, Das Dritte Reich und die Juden, S. 182.

[219] Zit. nach: *U. D. Adam*, Judenpolitik im Dritten Reich, S. 175.

[220] Zit. nach: ebd.

15. Immer und notwendig siegt die Begeisterung über den, der nicht begeistert ist!

Deutscher Prüfungsaufsatz, Gymnasium zu Berlin-Steglitz, den 26.2.1942

Es ist Krieg! An allen Enden der Welt züngeln seine Flammen empor, fressen sich von Land zu Land weiter, vernichten und zerstören. Rauchende Trümmerfelder bedecken weites Feld. Blühende Städte, reifende Felder, alles, was das kreisende, zuckende Feuer „Krieg" einmal gepackt hat, gibt es nur als schwarze Asche wieder frei. Wir möchten am Sinn des Guten auf dieser Erde verzweifeln, wenn wir auf die erschütternden Szenen dieses Brennens blicken. Was soll denn das alles? Doch dann fällt unser Blick auf das Ziel, auf den Sieg, und wir kämpfen verbissen und vom Ziel begeistert weiter, ... denn Asche ist fruchtbarer Boden. Ein solcher Blick war uns auch heute erlaubt. Doch es war mehr als ein einfaches Aufdaszielsehen, es war ein gewißheitgebendes, kraftspendendes Sichaufrichtendürfen an einem alten, starken Wort, das uns mit festem Vertrauen in die Zukunft schreiten läßt:

Immer und notwendig siegt die Begeisterung über den, der nicht begeistert ist!

Man kann bei diesem kurzen Satz schon fast von einem Naturgesetz sprechen, das seine Richtigkeit fast täglich neu beweist und sich daher schwer oder gar nicht anzweifeln läßt. Wer sich dennoch diesem Wort zweifelnd naht und nicht seine einfache, gesetzmäßige Behauptung bejaht, legt damit entweder ein bezeichnendes Zeugnis für sein geistiges Erkennungsvermögen ab oder ist als reiner Materialist zu werten, als ein Mensch, dem selbst jede Begeisterung im weitesten Sinne des Wortes fehlt und der damit unter die Härte dieses Gesetzes fällt.

Zwar ist dieses Gesetz nicht so alt wie Kampf und Sieg, denn der Ursprung des Kampfes und der Vernichtung ist zu roh und liegt zu tief, als daß er auf dem seelischen Gebiet der Begeisterung gesucht werden könnte, doch ist es gewiß als ethischer Grund alles Siegens zu bezeichnen. Immer und notwendig siegt der Bessere über den Schlechteren. Das Wesen der Begeisterung ist aber gut. Begeisterung für etwas Schlechtes und Gemeines ist ein Unding. Seit der Zeit, da die Begriffe „gut" und „schlecht" nicht mehr nur auf das Körperhafte und Greifbare bezogen wurden, sondern auch auf das Unsichtbare, seit der Zeit gibt es Begeisterung für das Edle und Hohe, und seit der Zeit gilt der Satz, daß die Begeisterung siegt.

Hier schon wird es notwendig, sich klarzumachen, wie das Wort „siegen" in unserem Satz verstanden sein will. Natur ist Kampf. Kampf wird durch Sieg beendet. In einem Kampf um das nackte Leben wird man aber keine Begeisterung finden. Der Sieg, der ihn beendet, kann also hier nicht gemeint sein. Einen Hinweis auf das, was Siegen bedeutet, gibt uns ein Blick in die Entstehungszeit des Satzes, der sich zwar schon jahrtausendelang in jedem Kampf bestätigt hatte, und mit dem unbewußt jeder Kämpfer gerechnet hatte, der aber erst in der Zeit der Freiheitskriege so geprägt wurde, wie wir ihn heute besitzen. Der Name „Freiheitskriege" besagt, wofür damals gekämpft wurde. Nicht die Unterjochung fremder Völker, nicht der Erwerb oder der Raub waren Ziel und Zweck des Sieges, denn dafür kann man sich schwerlich begeistern, sondern die Freiheit, also ein zunächst geistig zu fassender Begriff. Der begeisterte Freiheitskämpfer siegt, er siegt auch im Sterben. Ein Nichtbegeisterter würde gar nicht die Kraft zum Sterben aufbringen, er würde nicht siegen, sondern unterliegen. Hier haben wir also das Wort „siegen" in seiner schönsten und höchsten Bedeutung. „Und mögen wir fallen, wir siegen im Fallen. Begeisterung läßt sich nicht töten!" Diese Begeisterten haben ihr Leben gut beendet, sie haben vor sich selbst bestanden, sie haben gesiegt.

Hier gibt es für den wirklich Begeisterten kein Unterliegen. Auf geistigem Gebiet siegt immer und notwendig die Begeisterung über den, der nicht begeistert ist.

Doch ist die Gültigkeit unseres Satzes nicht nur auf diese Ebene beschränkt, sondern er hat auch im praktischen Leben seine Bedeutung. Als die alten Christen im Rom der Kaiserzeit begeistert für ihre Idee in den Tod gingen, hatten sie nicht nur vor sich selbst gesiegt, also nicht nur rein geistig, sondern sie haben später als begeisterte Träger ihres neuen Glaubens ihre Gegner wirklich besiegt und ihren Glauben zur Weltreligion gemacht.

Wir haben hier eine der Wurzeln der Begeisterung berührt, den Glauben. Die Begeisterung dieser Menschen hatte schon mehr von gläubigem Festhalten und Voranschreiten an sich, als von rücksichtslosem Wollen zum Sieg. Auch der deutsche oder der japanische Soldat trägt heute neben der reinen Begeisterung ein nicht zu unterschätzendes Maß von Glauben in sich. Neben dieser glaubensvollen Begeisterung und der rauschhaften, jauchzenden Begeisterung des Augenblicks, deren Kraft oft verkannt wird, gibt es auch eine Begeisterung, deren Wurzel die Verzweiflung ist. Auch an diese aus der Not geborene Begeisterung, die sich zäh anstammt und aufbäumt, ist in unserem Wort gedacht. Woraus auch die Begeisterung entspringen mag, immer ist sie auch im praktischen Kampf ein nicht leicht zu überschätzender Faktor zum Siege, eine Kraft, die jede Schwierigkeit klar werden, ja verschwinden läßt.

Immer und notwendig siegt die Begeisterung über den, der nicht begeistert ist!

Heute darf ein – *nein, drei ganze Völker!* – ganzes Volk dieses Wort auf sich beziehen. Auch im jetzigen Weltkrieg wird der Gute, der Begeisterte über den Nichtbegeisterten siegen.

In diesem Wort liegt eine Kraft für den Kämpfer, eine Mahnung für den Schwachen und Halben und eine Drohung für den, den wir als nicht begeistert erkannt haben.

*

Das Äußere der Arbeit genügt. Verf. bemüht sich mit Erfolg um Vertiefung. Wenn auch die Ausführungen etwas zu abstrakt bleiben, so verdient die Leistung doch auch um ihrer sprachlichen Form willen die N. G.

Gut.

Klassenleistungen: gut.

gez. Studienrat Sch., 9.3.42

***

„Doch dann fällt unser Blick auf das Ziel, auf den Sieg, und wir kämpfen verbissen und vom Ziel begeistert weiter (...)“.

Was waren die Ziele nationalsozialistischer Politik? Hitler hat sich dazu deutlich geäußert. Ziel sei es „dem deutschen Volk den ihm gebührenden Grund und Boden auf dieser Erde zu sichern“.[221] Und in seinem Schlusswort von „Mein Kampf“ fügte er hinzu: „Ein Staat, der im Zeitalter der Rassenvergiftung sich der Pflege seiner besten rassischen Elemente widmet, muß eines Tages zum Herrn der Erde werden.“[222] „Herrn dieser Erde“ – dies war ja nun in der Tat ein weitgestecktes Ziel. Hitler kündigte auch an, dass dies eine „Periode des Kampfes“ erfordere.[223] „Ein solcher Vorgang ist und bleibt aber ein blutiger.“[224]

Am 22. Juni 1941 begann als Unternehmen „Barbarossa“ der Krieg gegen die Sowjetunion, der als Vernichtungskrieg geplant und als solcher geführt wurde. Hitler gab die Linie vor: „Man müsse stets davon ausgehen, daß diese Völker uns gegenüber in erster Linie die Aufgabe haben, uns wirtschaftlich zu dienen. Es müsse daher unser Bestreben sein, mit allen Mitteln wirtschaftlich aus den besetzten russischen Gebieten herauszuholen, was sich herausholen lasse.“[225] Die Kriegsvorbereitung, die enorme, z. T. auch verdeckte Aufrüstung, aber auch die Arbeitsbeschaffungsprogramme sowie soziale Maßnahmen[226] hatten das Dritte Reich an den Rand der Zahlungsunfähigkeit gebracht. Die Ausplünderung der Juden reichte bei Weitem

---

[221] *A. Hitler*, Mein Kampf, S. 739.

[222] Ebd., S. 782.

[223] Ebd., S. 440.

[224] Ebd., S. 738.

[225] *Adolf Hitler* am 11. April 1942, in: [Adolf Hitler], Henry Picker, Hitlers Tischgespräche im Führerhauptquartier 1941/42, hrsg. von P. E. *Schramm*, Stuttgart 1965, S. 270. Zu der Forderung, der Osten habe Europa mit Rohstoffen zu versorgen, führt Göring vor Reichskommissaren und Militärbefehlshabern aus: „Früher nannte man das plündern. Nun, die Formen sind humaner geworden. Ich gedenke trotzdem zu plündern, und zwar ausgiebig (...). Sie sind weiß Gott nicht hingeschickt, um für das Wohl und Wehe der Ihnen anvertrauten Völker zu arbeiten, sondern um das Äußerste herauszuholen, damit das deutsche Volk leben kann. (...) Es ist mir dabei gleichgültig, ob Sie sagen, daß Ihre Leute wegen Hungers umfallen. Mögen sie das tun, solange nur ein Deutscher nicht wegen Hungers umfällt.“ Zit. nach: *Friedrich Zipfel*, Krieg und Zusammenbruch, in: E. Aleff, Das Dritte Reich, S. 218.

[226] 1933 wurden fünf Milliarden Reichsmark für Arbeitsbeschaffungsmaßnahmen bereitgestellt (vgl. Anm. 11 in Kap. II.). In erster Linie waren es aber die Ausgaben für den Wehretat, die die Staatsverschuldung in die Höhe trieben. 1933 betrugen die Ausgaben für das Militär zum Gesamtetat 4 %, 1936 39 %, und 1938 entfiel bereits die Hälfte der öffentlichen Ausgaben auf den Wehretat. Diese Ausgaben waren nicht durch Steuereinnahmen gedeckt. Der Staat hoffte, mit künftiger Kriegsbeute seine Schulden begleichen zu können. Nach dem Zusammenbruch des Dritten Reiches betrug die verbriefte Schuldenlast des NS-Staates „mindestens 380 Milliarden RM, nicht gerechnet viele weitere Milliarden sonstiger Forderungen an das Deutsche Reich“. *W. Benz*, Die 101 wichtigsten Fragen, S. 126 f.

nicht zum Ausgleich der Defizite. Die Aneignung der natürlichen Ressourcen und Rohstoffe sowie die Ausbeutung von Millionen billiger Arbeitskräfte aus den Ostgebieten sollten zur Schuldenbekämpfung herangezogen werden. Allerdings hatte diese Art der Schuldenbekämpfung zur Folge, dass Millionen Menschen starben.

Wie im Polenfeldzug folgten auch im Krieg gegen die Sowjetunion der Wehrmacht spezielle Einsatzgruppen. Der bekannte britische Historiker Ian Kershaw kommentierte den Einsatz dieser Einsatzgruppen so: „Mit dem Anrücken der Einsatzgruppen, das in den ersten Tagen des Angriffs einsetzte und durch die Wehrmacht unterstützt wurde, war die völkermordende Natur dieser Auseinandersetzung bereits eingeleitet. Die deutsche Kriegsführung im Russlandfeldzug sollte sich schnell zu einem umfassenden Völkermordprogramm entwickeln, wie es die Welt noch nie gesehen hatte."[227] Die Einsatzgruppen von SS, Sicherheitsdienst und Sicherheitspolizei hatten die Aufgabe, die sowjetische Führungsschicht, insbesondere die Funktionäre der KP, die sowjetische Intelligenz sowie Juden und Sinti und Roma systematisch zu liquidieren. Bereits im ersten Kriegsjahr wurde fast eine Million Menschen ermordet. Die übrige Bevölkerung sollte als „Arbeitssklaven" den deutschen „Herrenmenschen" zur Verfügung stehen.

Hitler hatte sich bereits in „Mein Kampf" grundsätzlich zu dem Verhältnis von „Herrenvolk" und „niederen Menschen" ausgelassen. Seine Ausführungen waren die Grundlage für die spätere „Bodenpolitik" im Osten: „So war für die Bildung höherer Kulturen das Vorhandensein niederer Menschen eine der wesentlichsten Voraussetzungen, indem nur sie den Mangel technischer Hilfsmittel, ohne die aber eine höhere Entwicklung gar nicht denkbar ist, zu ersetzen vermochten. Sicher fußte die erste Kultur der Menschheit weniger auf dem gezähmten Tier, als vielmehr auf der Verwendung niederer Menschen. Erst nach der Versklavung unterworfener Rassen begann das gleiche Schicksal auch Tiere zu treffen und nicht umgekehrt, wie manche wohl glauben möchten. Denn zuerst ging der Besiegte vor dem Pfluge – und erst nach ihm das Pferd. Nur pazifistische Narren aber vermögen dies wieder als Zeichen menschlicher Verworfenheit anzusehen (...). Es ist also kein Zufall, daß die ersten Kulturen dort entstanden, wo der Arier im Zusammentreffen mit niederen Völkern diese unterjochte und seinem Willen untertan machte. Sie waren dann das erste technische Instrument im Dienste einer werdenden Kultur. Damit aber war der Weg, den der Arier zu gehen hatte, klar vorgezeichnet. Als Eroberer unterwarf er sich die niederen Menschen und regelte dann deren praktische Betätigung unter seinem Befehl, nach seinem Wollen und für seine Ziele. Allein, indem er sie so einer nützlichen, wenn auch harten Tätigkeit zuführte, schonte er nicht nur das Leben der Unterworfenen, sondern gab ihnen vielleicht sogar ein Los, das besser war als das ihrer früheren sogenannten ‚Freiheit'."[228]

Ganz in diesem Sinne hatte Himmler am 25. Mai. 1940 in einer Denkschrift über die Fremdvölkischen im Osten ausgeführt: „Diese Bevölkerung wird als führerloses

---

227 *Ian Kershaw,* Hitler 1936–1945. Deutsche Verlags-Anstalt, Stuttgart 2000, S. 617.

228 *A. Hitler,* Mein Kampf, ebd., S. 323 f.

Arbeitsvolk zur Verfügung stehen und Deutschland jährlich Wanderarbeiter und Arbeiter für besondere Arbeitsvorkommen (Straßen, Steinbrüche, Bauten) stellen (...).“[229] In welcher Weise dies geschehen sollte, darüber gibt eine Rede Aufschluss, die Himmler am 4. Oktober 1943 in Posen vor SS-Gruppenführern hielt: „Wie es den Russen geht, wie es den Tschechen geht, ist mir total gleichgültig. Das, was in den Völkern an gutem Blut unserer Art vorhanden ist, werden wir uns holen, indem wir ihnen, wenn notwendig, die Kinder rauben und sie bei uns großziehen. Ob die anderen Völker im Wohlstand leben oder ob sie verrecken vor Hunger, das interessiert mich nur soweit, als wir sie als Sklaven für unsere Kultur brauchen, anders interessiert mich das nicht. Ob bei dem Bau eines Panzergrabens 10 000 russische Weiber an Entkräftung umfallen oder nicht, interessiert mich nur insoweit, als der Panzergraben für Deutschland fertig wird.“[230]

Besonderen Wert wurde darauf gelegt, dass die „Unterworfenen“ keine höhere Bildung bekommen sollten. „Für die nichtdeutsche Bevölkerung des Ostens“, so erklärte Himmler, „darf es keine höhere Schule geben als die vierklassige Volksschule. Das Ziel dieser Volksschule hat lediglich zu sein: Einfaches Rechnen bis höchstens 500, Schreiben des Namens, eine Lehre, daß es ein göttliches Gebot ist, den Deutschen gehorsam zu sein und ehrlich, fleißig und brav zu sein. Lesen halte ich nicht für erforderlich. Außer dieser Schule darf es im Osten überhaupt keine Schule geben (...).“[231]

Und Hitler ergänzte: „Kenntnisse der Russen, Ukrainer, Kirgisen und so weiter im Lesen und Schreiben könnten uns nur schaden. Denn sie ermöglichten es helleren Köpfen, sich ein gewisses Geschichtswissen zu erarbeiten und damit zu politischen Gedankengängen zu kommen, die irgendwie immer ihre Spitze gegen uns haben müßten.“[232] Durch eine „bewußt negative Bevölkerungspolitik“ sollte die Vermehrung der russischen Bevölkerung verhindert werden.[233] Es wurde aber auch erklärt:

---

229 Denkschrift des Reichsführers SS *Heinrich Himmler* vom 25.5.1940, zit. nach: Weltgeschichte im Aufriß, Band 3, Teil 1. Vom Ersten Weltkrieg bis 1945. Von *Werner Ripper* in Verbindung mit *Eugen Kaiser*, Frankfurt a. M./Berlin/München 1976, S. 454.

230 *Heinrich Himmler*, Posener Rede vor SS-Gruppenführern am 4.10.1943, zit. nach: Weltgeschichte im Aufriß, S. 457.

231 Denkschrift Himmlers vom 25.5.1940, zit. nach: ebd., S. 453.

232 Adolf Hitler am 11. April 1942 zur Beherrschung der unterworfenen Völker im Osten, zit. nach: Hitlers Tischgespräche, S. 270 ff.

233 Dazu Adolf Hitler: „Was die Hygiene der unterworfenen Bevölkerung angehe, so könnten wir kein Interesse daran haben, ihnen unsere Erkenntnisse zu vermitteln und dadurch ihnen eine von ihnen absolut nicht gewünschte Basis für einen ungeheuren Bevölkerungszuwachs zu geben. Er verbiete deshalb, für diese Gebiete Sauberkeitsaktionen unserer Art durchzuführen. Auch der Impfzwang dürfe in ihnen nur für Deutsche gelten. Deutsche Ärzte seien nur für die Behandlung Deutscher in den deutschen Siedlungen einzusetzen. Auch sei es Unsinn, die unterworfenen Völkerschaften mit unserem Wissen auf dem Gebiet der Zahnheilkunde beglücken zu wollen.“ Ebd.

Seit dem 7. Oktober 1939 war der Reichsführer SS, Heinrich Himmler, auch „Reichskommissar für die Festigung deutschen Volkstums“. In dieser Eigenschaft gab er den Befehl zur

„An einer völligen biologischen Vernichtung des Russentums können wir jedenfalls so lange kein Interesse haben, als wir nicht selbst in der Lage sind, mit unseren Menschen den Raum zu füllen.“[234]

Neben der gewaltsamen Eroberung neuen „Lebensraumes“ war die Ausrottung alles „minderwertigen Lebens“ ein weiteres zentrales Ziel nationalsozialistischer Politik. Nachdem bereits mit dem Euthanasie-Programm im Deutschen Reich reichlich Erfahrung gesammelt wurde, richtete sich mit Beginn des völkischen Krieges 1941 die nationalsozialistische Ausrottungspolitik vor allem gegen das Judentum. Im Rußlandfeldzug hatten die Einsatzgruppen nicht nur die Aufgabe, Juden in Partei- und Staatsstellen zu liquidieren, sondern alle im Osten lebenden Juden einschließlich ihrer Frauen und Kinder. Dies geschah dann auch mit einer beispiellosen Grausamkeit. „Mindestens zwei Millionen der im Sommer 1941 in der Sowjetunion lebenden 4,7 Millionen Juden sind der nationalsozialistischen Vernichtungsarbeit zum Opfer gefallen, die immer stärker rationalisiert wurde: von den Massenerschießungen der mobilen Einsatzkommandos zum fabrikmäßigen Töten in den großen Vernichtungslagern (...).“[235] Hitler selber ließ sich immer wieder über den Verlauf der Vernichtung informieren und griff von Fall zu Fall ein.[236] Es schien so, dass mit dem sieghaften Kriegsverlauf Lebensraumeroberung und Judenvernichtung, die beiden zentralen Ziele nationalsozialistischer Politik, sich mit einem Schlag verwirklichen ließen. Im Sommer 1941, auf dem Höhepunkt der Siegeshoffnungen, wurde der Entschluss gefasst, den Holocaust auf alle europäischen Juden im deutschen Machtbereich auszudehnen. Hitler selber hatte Mitte Juli 1941 gegenüber dem kroatischen Verteidigungsminister Slavko Kvaternik seinen Plan, die Vernichtung der Juden auf ganz Europa auszudehnen, erwähnt und hinzugefügt: „Wenn auch nur ein Staat aus irgendwelchen Gründen eine jüdische Familie bei sich dulde, so würde dieser der Bazillenherd für eine neue Zersetzung werden.“[237] Noch im April 1945 rühmte er sich in seinem politischen Testament, man werde „dem

---

Ausarbeitung einer Gesamtkonzeption der Germanisierungspolitik in den besetzten und noch zu erobernden Gebieten Osteuropas. Das Ergebnis war eine Denkschrift mit dem Titel „Generalplan Ost“. Dort heißt es zu der Bevölkerungspolitik im Osten: „Die freiwillige Sterilisierung ist gleichfalls zu propagandieren. Die Säuglingssterblichkeit darf nicht bekämpft werden. Auch Aufklärung der Mütter über Säuglingsfürsorge und Kinderkrankheiten darf nicht erfolgen. Es muß versucht werden, die Ausbildung der russischen Ärzte auf diesen Gebieten so gering wie möglich erfolgen zu lassen. Kinderheime und dergleichen dürfen nicht gefördert werden. Neben diesen negativen Maßnahmen auf gesundheitlichem Gebiet darf nicht etwa die Ehescheidung besonders erschwert werden. Für uneheliche Kinder sollen keine besonderen Maßnahmen getroffen werden.“ „Generalplan Ost“ des Reichssicherheitshauptamtes, zit. nach: *W. Marienfeld*, Konferenzen über Deutschland, S. 11 f.

[234] Ebd.

[235] Zit. nach: *H.-U. Thamer*, Verführung und Gewalt, S. 672.

[236] Vgl. ebd., S. 701.

[237] Vgl. ebd.

Nationalsozialismus ewig dafür dankbar sein, daß ich die Juden aus Deutschland und Mitteleuropa ausgerottet habe."[238]

Mit dem Schreiben vom 31. Juli 1941 hat Reinhard Heydrich von Göring den Auftrag erhalten, „alle erforderlichen Vorbereitungen in organisatorischer, sachlicher und materieller Hinsicht zu treffen für eine Gesamtlösung der Judenfrage im deutschen Einflußgebiet in Europa (...). Ich beauftrage Sie weiter, mir in Bälde einen Gesamtentwurf über die organisatorischen, sachlichen und materiellen Vorausmaßnahmen zur Durchführung der angestrebten Endlösung der Judenfrage vorzulegen."[239] Am 20. Januar 1942 fand unter dem Vorsitz von Heydrich die Wannsee-Konferenz statt, um „Klarheit in grundsätzlichen Fragen zu schaffen". Bereits vor der Besprechung waren mindestens eine halbe Million Menschen dem Judenmord zum Opfer gefallen[240], bei der Konferenz ging es nicht um das „ob", sondern nur noch um das „wie". Es ging, wie Heydrich ausführte, um 11 Millionen Juden in Europa, die ausgerottet werden sollten. Im Ergebnis der Konferenz wurde festgehalten: „Unter entsprechender Leitung sollen im Zuge der Endlösung die Juden in geeigneter Weise im Osten zum Arbeitseinsatz kommen. In großen Arbeitskolonnen, unter Trennung der Geschlechter, werden die arbeitsfähigen Juden straßenbauend in diese Gebiete geführt, wobei zweifellos ein Großteil durch natürliche Verminderung ausfallen wird. Der allfällig endlich verbleibende Restbestand wird, da es sich bei diesen zweifellos um den widerstandsfähigsten Teil handelt, entsprechend behandelt werden müssen, da dieser, eine natürliche Auslese darstellend, bei Freilassung als Keimzelle eines neuen jüdischen Aufbaues anzusprechen ist. (Siehe die Erfahrung der Geschichte.) Im Zuge der praktischen Durchführung der Endlösung wird Europa von Westen nach Osten durchgekämmt (...)."[241]

16. Wir müssen siegen und wir werden siegen

Deutscher Prüfungsaufsatz, Gymnasium zu Berlin-Steglitz,
den 26. 2. 1942

Über zwei Jahre währt jetzt schon der Krieg, der sich 1939 an einem örtlich begrenzten Problem, an einem Brandherd, der seit 20 Jahren schwelte, entzündet hat. Dieser Kriegsbrand hat sich ununterbrochen weitergefressen, dauernd geschürt von unseren Feinden, die ein Volk nach dem anderen in den Krieg zogen, bis er jetzt die ganze Welt erfaßt hat. Die Welt ist in zwei Lager gespalten: Das Lager der jungen, nationalen Völker und das der plutokratisch-bolschewistisch geführten Staaten. Ein zweiter Weltkrieg ist entbrannt, der um Sein oder Nichtsein geht.

---

[238] Vgl. ebd., S. 702.

[239] Vgl. ebd., S. 704.

[240] Vgl. *W. Benz*, Die 101 wichtigsten Fragen, S. 106.

[241] Protokoll der Wannsee-Konferenz vom 20. 1. 1942, zit. nach: *Walther Hofer*, Der Nationalsozialismus – Dokumente 1933–1945, Frankfurt a. M. 1957, S. 23 f.

In diesem Kriege müssen wir siegen, weil unsere Niederlage unseren Untergang bedeutet. Dieser Weltkrieg ist eine Fortsetzung des ersten Weltkrieges, der mit Versailles endete. Ein solches Versailles wird sich nie mehr wiederholen, das haben uns unsere Gegner oft genug versichert. Und das heißt, daß, wenn wir eines Tages unseren Kampf aufgeben müßten, wieder eine Welt über uns zu Gericht sitzen würde, die kein Erbarmen kennt, die uns einen Friedensvertrag diktieren würde, der unserer Vernichtung gleichkäme. Unsere Gegner haben erkannt, welche Kräfte unser Volk in sich birgt, als wir 20 Jahre nach Versailles, das uns nach ihren Berechnungen zu Grunde richten müßte, wieder eine Weltmacht darstellten. Und sie haben daraus genau wie wir ihre Folgerungen gezogen: Ein zweites Versailles wird es nicht geben.

Die letzten, die an solchen Folgen unserer Niederlage noch gezweifelt haben, sind durch die kürzlich bekannt gewordene Auslieferung Europas an den Bolschewismus eines anderen belehrt worden. Im Falle unserer Niederlage würde Europa dem Bolschewismus ausgeliefert werden, und was das bedeutet, haben uns ja die Schilderungen unserer Soldaten über Sowjet-Rußland und die Wochenschauen zur Genüge gezeigt.

Unser geistiges und kulturelles Leben würde durch Ausrottung der Intelligenz vernichtet werden. Alles, was uns das Leben lebenswert macht, würde zerstört werden. Alle unsere Kunstschätze würden geraubt werden und an ein geistiges Schaffen wäre überhaupt nicht mehr zu denken. Wir würden zu den Arbeitssklaven der Welt gemacht werden.

Auch unser völkisches Leben und unsere Rasse würde zu Grunde gehen. Ein Strom erb- und rassefremden Blutes würde unser Volk überschwemmen. Innerhalb weniger Jahrzehnte wäre der Untergang der nordischen Rasse vollzogen und damit eine Auferstehung unseres Volkes unmöglich gemacht.

Mit unserer Rasse würde dann auch unsere Weltanschauung zu Grunde gehen. Die nationalsozialistische Weltanschauung, die unser Volk zum ersten Male – *in der Neuzeit; denn die mittelalterliche Kaiseridee hatte auch eine starke einigende Kraft* – in der Geschichte geeint und alle Kräfte, die früher der Zersplitterung und Ausbeutung durch fremde Mächte anheim fielen, zu gemeinsamem Wirken zusammengefaßt hat. Uns würde eine wesensfremde Weltanschauung aufgepaßt werden, die wir nicht verstehen und nach der wir nicht leben können.

Unsere in Europa schon begonnene Neuordnung der Welt, die das friedliche Nebeneinanderleben der großen und kleinen Völker anstrebt, würde wieder zerstört werden, und die jüdisch-kapitalistischen Mächte würden alle Völker unter ihren Willen zwingen und ausbeuten können.

Unsere Weltgeltung wäre dahin. Nie mehr würde sich Deutschlands Flagge auf fremden Meeren und in fernen Ländern zum Ruhm unseres Vaterlandes zeigen. Der Name Deutschland wäre ausgelöscht.

Wir werden also siegen, weil wir siegen müssen, weil wir im entgegengesetzten Falle aufhören würden zu existieren. Und wir werden siegen, weil auf unserer Seite die Notwendigkeit des Kampfes und das Recht steht.

Es stehen sich in diesem Kriege zwei grundverschiedene Welten gegenüber. Die jüdisch-plutokratisch-bolschewistische Welt, die den größten Teil der Welt und ihrer Güter in ihrer Macht vereinigt, die überaltert ist und aus ihrer materialistischen Weltanschauung heraus um die Aufrechterhaltung eines überlebten Zustandes kämpft. Ihr gegenüber steht die Welt der nationalen, jungen Völker, die aus ihrem idealistischen Geiste heraus eine Neuordnung der Welt erstreben, um die Güter der Welt gerecht zu verteilen und ein friedliches Nebeneinanderleben der Völker zu ermöglichen, die von ihren Feinden die Habenichtse genannt werden, die immer und überall in der Minderzahl sind und trotzdem auf Grund ihres überlegenen Geistes siegen, und auf deren Seite vor allen Dingen aber die Notwendigkeit, das Muß des Kampfes steht, denn eine Aufrechterhaltung des alten Zustandes hätte ihre langsame Erdrosselung zur Folge gehabt.

So stehen sich eine überalterte, materielle Weltanschauung und eine revolutionäre, ideelle Weltanschauung im Kampfe gegenüber. Die eine hat das Prinzip der Masse auf ihr Pannier geschrieben, die andere das des Geistes. So steht also Materialismus gegen Idealismus, Masse gegen Geist. Und in diesem Kampfe hat letzten Endes doch immer der Geist den Sieg davongetragen, und deshalb werden wir siegen.

*

Während der erste Teil des Themas ausführlich und zutreffend behandelt wird, bleibt das über den zweiten Teil Gesagte in Ansätzen stecken. Hier tritt auch die Neigung des Verfassers zu allgemeinen Redensarten, die breit ausgewalzt werden, reichlich stark hervor.

Immerhin ist anzuerkennen, daß der Aufsatz mit innerer Anteilnahme geschrieben worden ist.

ausreichend (4)

Klassenleistungen: ausreichend.

gez.: Dr. R., Studienrat

***

Nicht die „Feinde“ haben den Kriegsbrand entfacht und „ein Volk nach dem anderen in den Krieg“ gezogen, wie es in dem Aufsatz heißt, sondern Hitler hat nach dem Überfall auf die Sowjetunion im Dezember 1941 auch noch den USA den Krieg erklärt. Damit gewinnt der Konflikt weltweite Dimension. Dies war aber auch der Auftakt zur unvermeidlichen Katastrophe. Die Schlacht um Stalingrad, bei der mindestens 700.000 Menschen starben, brachte dann die entscheidende Wende. Am 19. Dezember 1941 übernahm Hitler selber die Befehlsgewalt über das Ostheer. Im September 1942 kam er zu dem Ergebnis, dass die Russen „am Ende ihrer Kraft“ seien und befahl, gleichzeitig Stalingrad und den Kaukasus anzugreifen. Diese

Fehleinschätzung führte zu der größten Niederlage des NS-Regimes im Zweiten Weltkrieg. Die von Friedrich Paulus befehligte 6. Armee sowie Teile der 4. Panzerarmee wurden von der Roten Armee eingekesselt. Hitler verbot auszubrechen. An General Paulus telegraphierte er: „Die Armee hält ihre Position bis zum letzten Soldaten und zur letzten Patrone und leistet durch ihr heldenhaftes Aushalten einen unvergesslichen Beitrag zum Aufbau der Abwehrfront und der Rettung des Abendlandes.“[242] Etwa 108.000 deutsche Soldaten gingen in Kriegsgefangenschaft.[243]

Hitler selber schien – zumindest zeitweise – das drohende Ende erahnt zu haben. In düsteren Worten erging er sich im November 1943 in einer Art Endzeitstimmung: „Wenn das deutsche Volk einmal nicht mehr stark und opferbereit genug sei, sein eigenes Blut für seine Existenz einzusetzen, so soll es vergehen und von einer anderen stärkeren Macht vernichtet werden.“ Und fügte hinzu: „Er würde dann dem deutschen Volk keine Träne nachweinen.“[244]

Zunächst bemühte sich das Regime jedoch, durch zahlreiche Verordnungen und einer Intensivierung der Propaganda alle Reserven für den Krieg zu mobilisieren. Kurz nach der Katastrophe von Stalingrad hielt der Propagandaminister Goebbels im Sportpalast am 18. Februar 1943 eine Rede. In ihr versuchte er, den Opferwillen der Massen anzustacheln und in zehn Suggestivfragen sich die Zustimmung zum „totalen Krieg“ zu holen. „Deutschland jedenfalls hat nicht die Absicht“, so führte er dort aus, „sich dieser jüdischen Bedrohung zu beugen, sondern vielmehr die, ihr rechtzeitig, wenn nötig unter vollkommener und radikalster Ausrottung des Judentums entgegenzutreten (...) Ihr also, meine Zuhörer, repräsentiert in diesem Augenblick für das Ausland die Nation. Und an euch möchte ich zehn Fragen richten, die ihr mir und dem deutschen Volk vor der ganzen Welt, insbesondere aber vor unseren Feinden, die uns auch an ihrem Rundfunk zuhören, beantworten sollt: (...) Die Engländer behaupten, das deutsche Volk habe den Glauben an den Sieg verloren. Ich frage euch: Glaubt ihr mit dem Führer und mit uns an den endgültigen totalen Sieg des deutschen Volkes? Ich frage euch: Seid ihr entschlossen, dem Führer in der Erkämpfung des Sieges durch dick und dünn und unter Aufnahme auch der schwersten persönlichen Belastungen zu folgen? (...) Die Engländer behaupten, das deutsche Volk wehrt sich gegen die totalen Kriegsmaßnahmen der Regierung. Es will

---

[242] Zit. nach: *H.-U. Thamer*, Verführung und Gewalt, S. 674.

[243] Dies veranlasste die Widerstandsgruppe „Weiße Rose“ in einem Flugblatt vom 18. Februar 1943 festzustellen: „Erschüttert steht unser Volk vor dem Untergang der Männer von Stalingrad. Dreihundertdreißigtausend deutsche Männer hat die geniale Strategie des Weltkriegsgefreiten sinn- und verantwortungslos in Tod und Verderben gehetzt. Führer, wir danken dir! Es gärt im deutschen Volk: Wollen wir weiter einem Dilettanten das Schicksal unserer Armeen anvertrauen? Wollen wir den niederen Machtinstinkten einer Parteiclique den Rest der deutschen Jugend opfern? Nimmermehr! Der Tag der Abrechnung ist gekommen, der Abrechnung der deutschen Jugend mit der verabscheuungswürdigsten Tyrannis, die unser Volk je erduldet hat.“ Zit. nach: Weltgeschichte im Aufriß, S. 472.

[244] Zit. nach: *H.-U. Thamer*, Verführung und Gewalt, S. 668.

nicht den totalen Krieg, sondern die Kapitulation. Ich frage euch: Wollt ihr den totalen Krieg? Wollt ihr ihn, wenn nötig, totaler und radikaler, als wir ihn uns heute überhaupt noch vorstellen können?"[245]

Das NS-Regime erließ zahlreiche Verordnungen gegen „Meckerer, Defaitisten und Gerüchteverbreiter", gegen diejenigen, die an den Endsieg nicht oder nicht mehr glauben mochten.[246] Eine Militärjustiz – in Deutschland gab es über tausend solche Gerichte und rund 3.000 Juristen, die in der Wehrmacht, abwechselnd als Richter, Ankläger, Untersuchungsführer oder Gutachter amtierten – versuchte mit allen Mitteln, die Schlagkraft der Wehrmacht zu erhalten. „Deserteure" und andere Personen, die der „Wehrkraftzersetzung" bezichtigt wurden, wurden zu Zehntausenden zum Tode verurteilt, Hunderttausende kriminalisiert.[247] „In den sechs Jahren des Zweiten Weltkrieges waren bei den Kriegsgerichten rund drei Millionen Strafverfolgungen anhängig. Mindestens 40000-, wahrscheinlich sogar rund 50000 mal sprachen deutsche Militärjuristen die Todesstrafe gegen Soldaten und Wehrmachtsgefolge aus, die Kopf-ab-Verfahren der SS- und Polizeigerichte, über die Unterlagen kaum vorliegen, nicht eingerechnet."[248]

Ab dem Winter 1941/42 wurden im verstärkten Maße auch Zwangsarbeiter in der deutschen Kriegsindustrie eingesetzt. Hinter der Front betrieben SS- und SD-Einheiten eine rücksichtslose Menschenjagd zur Gewinnung von Zwangsarbeitern für den Einsatz im deutschen Reichsgebiet. „Allein im März 1942 wurden 2,5 Millionen

---

[245] Zitiert nach Weltgeschichte im Aufriß, S. 461.

[246] Einige dieser Verordnungen in: BArch, Außenstelle Hoppegarten, ZA I 11979 A. 1; ZA I 11979 A. 3.

[247] Vgl. *Der Spiegel*, Nr. 43, 41. Jahrgang vom 19.10.1987, „Ein Menschenleben gilt für nix", S. 112ff. Die rücksichtslose Anwendung der Todesstrafe war aus der Sicht Hitlers eine Konsequenz aus den Erfahrungen des Ersten Weltkrieges. In „Mein Kampf" schrieb er, dass „der unsicher werdende Kantonist nicht durch Drohung mit Gefängnis oder selbst Zuchthaus bei der Stange gehalten werden (kann), sondern allein durch rücksichtslose Anwendung der Todesstrafe. Denn er sieht erfahrungsgemäß in solcher Zeit das Gefängnis als einen immer noch tausendmal angenehmeren Ort an als das Schlachtfeld. (...) Daß man im Kriege aber praktisch die Todesstrafe ausschaltete, die Kriegsartikel also in Wirklichkeit außer Kraft setzte, hat sich entsetzlich gerächt. Eine Armee von Deserteuren ergoß sich, besonders im Jahre 1918, in Etappe und Heimat und half mit, jene große, verbrecherische Organisation zu bilden, die wir dann als die Macherin der Revolution nach dem 7. November 1918 plötzlich vor uns sahen." Als Konsequenz forderte Hitler: „An der Front *kann* man sterben, als Deserteur *muß* man sterben.", *A. Hitler*, Mein Kampf, S. 588, 587. Hervorhebung im Original.

Bereits am 3. September 1939 (dem Tag des englisch-französischen Kriegseintritts) gab der Chef der Sicherheitspolizei aufgrund der von Hitler und Himmler erteilten Weisungen einen Runderlaß über die „Grundsätze der inneren Staatssicherung während des Krieges" heraus. Darin hieß es: „Jeder Versuch, die Geschlossenheit und den Kampfwillen des deutschen Volkes zu zersetzen, ist rücksichtslos zu unterdrücken. Insbesondere ist gegen jede Person sofort durch Festnahme einzuschreiten, die in ihren Äußerungen am Sieg des deutschen Volkes zweifelt oder das Recht des Krieges in Frage stellt (...)." Zit. nach: *Martin Broszat*, Nationalsozialistische Konzentrationslager 1933–1945, in: Anatomie des SS-Staates, S. 104.

[248] *Der Spiegel* vom 19.10.1987, S. 113.

Personen aus der UdSSR ins Deutsche Reich gebracht und versklavt.“[249] 1942 verhungerten viele von ihnen, weil das Reichsministerium für Ernährung ihre Rationen drastisch kürzte. Danach verbesserte sich die Versorgungslage etwas. Ein Großteil der Zwangsarbeiter waren Mädchen und Frauen. Mutterschutz wurde ihnen nicht zugestanden, Ziel der nationalsozialistischen Politik war es, sie möglichst kostengünstig einzusetzen. Sie mussten bis kurz vor der Entbindung arbeiten, die „unerwünschten“ Kinder wurden entweder als künftige Zwangsarbeiter aufgezogen oder man ließ sie in eigens eingerichteten Ausländerkinder-Pflegestätten verkümmern. Einige von ihnen fielen auch dem Massenmord an Kranken und Behinderten zum Opfer.

Im Verlauf des Krieges wurden insgesamt knapp sieben Millionen Zivilarbeiter nach Deutschland gebracht, davon rund vier Millionen aus der Sowjetunion, über eine Million aus Polen, die anderen aus Frankreich, Belgien, den Niederlanden und Italien. Sie stellten das Reservoir an billigen Arbeitskräften dar, ohne die die landwirtschaftliche und industrielle Produktion im Deutschen Reich nicht hätte aufrecht erhalten werden können. Besonders die „Ostarbeiter“ waren in ihrem Status kaum von den Kriegsgefangenen zu unterscheiden. Auf ein Existenzminimum beschränkt mussten sie Schwerstarbeit verrichten. Sie standen außerhalb jeden Rechts und konnten, sofern sie sich missliebig machten, in Konzentrationslager eingewiesen werden. Wie die nationalsozialistischen Machthaber diese „slawischen Untermenschen“ sahen, zeigt eine Erklärung des „Generalbevollmächtigten für den Arbeitseinsatz“ Fritz Sauckel: „Diese sind mir so gleichgültig wie irgend etwas, und wenn sie sich das geringste Vergehen im Betrieb zuschulden kommen lassen, dann bitte sofort Anzeige an die Polizei, aufhängen, totschießen! Das kümmert mich gar nicht! Wenn sie gefährlich werden, muß man sie auslöschen.“[250]

Auch die Häftlinge in den Konzentrationslagern sollten verstärkt für die Kriegsindustrie des Reiches nutzbar gemacht werden. Neben den Vernichtungsstätten wurden die KZ's in stärkerem Maße auch eine Form der Zwangsarbeit. Bereits seit 1938 hatte sich die Struktur und Funktion der Konzentrationslager verändert. Zu den deutschen Gefangenen, den sogenannten Staats- und Volksfeinden, kamen immer mehr Angehörige fremder Nationen. Die Zahl der Lager stieg gewaltig an. Neben der Gegnerbekämpfung kamen wirtschaftsunternehmerische Interessen der SS. Es gab KZ-eigene Betriebe. Ferner wurden Häftlinge in Privatunternehmen eingesetzt. Auf diese Weise entstanden mehrere Tausend KZ-Außenlager. Die Arbeitslager erreichten im Verlauf des Krieges eine kriegswichtige Funktion. Außer-

---

[249] *Michael Kern*, Zwangsarbeit während der NS-Zeit in der Medizin am Beispiel Göttingen. www.egmed.uni-goettingen.de/geschichte/Nszeit II.html.

„Insgesamt waren etwa 15 Millionen Sowjetbürger in der einen oder anderen Form zu Arbeitsleistungen für die deutsche Seite rekrutiert worden: 2,8 Millionen Menschen wurden als ‚Ostarbeiter‘ ins Reich deportiert, 5,7 Millionen Kriegsgefangene der Roten Armee waren in deutscher Hand, und ca. 6,4 Millionen Sowjetbürger waren in den besetzten Gebieten zur Arbeit eingesetzt.“ *W. Benz*, Die 101 wichtigsten Fragen, S. 42.

[250] Zit. nach: *H.-U. Thamer*, Verführung und Gewalt, S. 713.

dem wurden Zwangsarbeiter an fast alle Bereiche der Großindustrie ausgeliehen, insbesondere der Rüstungsindustrie. Die Ausbeutung der Arbeitskraft der Häftlinge diente zugleich auch der Vernichtung der verfolgten Bevölkerungsgruppen durch die Zwangsarbeit. „Vernichtung durch Arbeit" – die Bedingungen in den Arbeitslagern waren derartig unmenschlich, dass viele Gefangene nur kurze Zeit überlebten. Menschen, die keine Arbeit mehr leisten konnten und nicht schon an den unmenschlichen Bedingungen im Lager zugrunde gegangen waren, wurden ermordet.

Zugleich wurde in der Endphase des Krieges die systematische Vernichtung des – wie es im NS-Jargon hieß – „lebensunwerten Lebens" intensiviert. Dies waren in den Augen der Nationalsozialisten neben Roma und Sinti vor allem die Juden. Im Zuge der auf der Wannsee-Konferenz beschlossenen „Endlösung der Judenfrage" wurden reine Vernichtungslager errichtet. Als spezielle Judenvernichtungslager dienten neben Auschwitz – das zugleich auch Arbeitslager war – vor allem Chelmno, Treblinka, Belzek, Majdanek und Sobibor. In diesen Todesfabriken wurden die Häftlinge sofort nach Ankunft fast ausnahmslos ermordet. In Auschwitz, wo Vernichtung und Arbeitseinsatz der Juden an einem Ort konkurrierten, fand eine Selektion durch SS-Ärzte und SS-Führer statt: aus der Masse der deportierten jüdischen Männer, Frauen und Kinder wurden die Arbeitsfähigen von der sofortigen Vernichtung ausgenommen und in das angrenzende Lager überwiesen, wo sie eine Chance des Überlebens hatten, solange sie arbeitsfähig waren.

Das Lager Auschwitz im neu eingegliederten Teil Oberschlesiens war zunächst in einer alten Kaserne untergebracht, wurde aber ab März 1941 in ein Riesenlager für über 100.000 Häftlinge ausgebaut. „Hier entstanden dann auch auf beschlagnahmten Boden die SS-Versuchsstationen und Produktionsstätten, aber auch das Buna-Werk der IG-Farben, die sich wie andere große Industriefirmen zum Komplicen des KZ-Systems machen ließen."[251] Im Umkreis von Auschwitz waren 39 Arbeitslager entstanden, in denen die arbeitsfähigen Häftlinge bei einem Arbeitstag von bis zu 12 Stunden ausgebeutet wurden. Für die Vernichtung der Juden – die geplante „Endlösung" – wurde im benachbarten Birkenau (Brzezinka) ein riesiges, äußerst primitives Barackenlager errichtet. „Dort ‚lebten' 1943 rund 100.000 Häftlinge, auch Frauen und Kinder, während weitere 18000 in Auschwitz selbst zusammengepfercht waren. Und dort wurden auch die Vergasungsanstalten und Krematorien errichtet, die dem millionenfachen Massenmord im Geiste des Nationalsozialismus dienten."[252]

Kommandant von Auschwitz war Rudolf Höß.[253] Seine Ernennung schilderte er später: „Im Sommer 1941, den genauen Zeitpunkt vermag ich z. Zt. nicht anzugeben,

---

[251] Ebd., S. 454.

[252] Ebd., S. 455.

[253] Rudolf Höß wurde am 25. November 1900 in Baden-Baden als Sohn frommer katholischer Eltern geboren. Der Vater, ein Kaufmann, war ein „fanatischer Katholik", der wollte, dass der Sohn Geistlicher würde. Als der Vater starb, meldete sich Höß, gerade 15 Jahre alt, heimlich zur Armee. Er war einer der jüngsten Kriegsteilnehmer. Nach dem Krieg wurde er wieder Soldat. Er schloss sich dem Freikorps Rossbach an, mit dem er auch an den Kämpfen im Baltikum beteiligt war. Vgl. *Bernhard Sauer*, Vom „Mythos eines ewigen Soldatentums". Der

wurde ich plötzlich zum Reichsführer SS nach Berlin befohlen, und zwar direkt durch seine Adjutantur. Entgegen seiner sonstigen Gepflogenheit eröffnete er mir, ohne Beisein seines Adjutanten, dem Sinne nach folgendes: Der Führer hat die Endlösung der Judenfrage befohlen, wir – die SS – haben diesen Befehl durchzuführen. Die bestehenden Vernichtungsstellen im Osten sind nicht in der Lage, die beabsichtigten großen Aktionen durchzuführen. Ich habe daher Auschwitz dafür bestimmt (…) Nähere Einzelheiten erfahren Sie durch Sturmbannführer Eichmann vom RSHA, der in nächster Zeit zu Ihnen kommt. (…) – Die Juden sind die ewigen Feinde des deutschen Volkes und müssen ausgerottet werden. Alle für uns erreichbaren Juden sind jetzt während des Krieges ohne Ausnahme zu vernichten. Gelingt es uns jetzt nicht, die biologischen Grundlagen des Judentums zu zerstören, so werden einst die Juden das deutsche Volk vernichten. (…) Kurze Zeit danach kam Eichmann zu mir nach Auschwitz. (…) Wir besprachen weiter die Durchführung der Vernichtung. Es käme nur Gas in Frage, denn durch Erschießen die zu erwartenden Massen zu beseitigen, wäre schlechterdings unmöglich und auch eine zu große Belastung für die SS-Männer, die dies durchführen müßten im Hinblick auf die Frauen und Kinder. Eichmann machte mich bekannt mit der Tötung durch die Motoren-Abgase in Lastwagen, wie sie bisher im Osten durchgeführt wurde. Dies käme aber für die zu erwartenden Massen-Transporte in Auschwitz nicht in Frage. Die Tötung durch Kohlenoxyd-Gas, durch Brausen in einem Baderaum, wie die Vernichtung der Geisteskranken an einigen Stellen im Reich durchgeführt wurde, erfordere zuviel Baulichkeiten, auch wäre die Beschaffung des Gases für die großen Massen sehr problematisch. Wir kamen in dieser Frage zu keinem Entscheid. Eichmann wollte sich nach einem Gas, das leicht zu beschaffen wäre und keine besonderen Anlagen erfordere, erkundigen und mir dann berichten (…). Noch im Sommer 1942 wurden die Leichen in die Massengräber gebracht. Erst gegen Ende des Sommers fingen wir an mit der Verbrennung; zuerst auf einem Holzstoß mit ca. 2000 Leichen, nachher in den Gruben mit den wieder freigelegten Leichen aus der früheren Zeit. Die Leichen wurden zuerst mit Ölrückständen, später mit Methanol übergossen. In den Gruben wurde fortgesetzt verbrannt, also Tag und Nacht. Ende November 1942 waren sämtliche Massengräber geräumt. (…) Schon bei den

---

Feldzug deutscher Freikorps im Baltikum im Jahre 1919, in: Zeitschrift für Geschichtswissenschaft (ZfG), 43. Jahrgang 1995, Heft 10, S. 895. Später war Höß Führer einer Roßbachgruppe auf einem Gut in Mecklenburg. Sein Vorgesetzter war Martin Bormann, Hitlers späterer Sekretär, der sich ebenfalls dem Freikorps Roßbach angeschlossen hatte. Auf dem Gut wurde der Oberleutnant Walter Cadow, über den das vage Gerücht entstanden war, er sei ein von den Kommunisten oder Franzosen eingesetzter Spitzel, ermordet. Rudolf Höß wurde zu zehn Jahren Zuchthaus verurteilt, von denen er nicht einmal die Hälfte abgesessen hat, da er unter das Amnestiegesetz vom 14. Juli 1928 fiel, Martin Bormann zu einem Jahr Haft. Zu dem Mord und den Hintergründen siehe *Bernhard Sauer*, Gerhard Roßbach – Hitlers Vertreter für Berlin. Zur Frühgeschichte des Rechtsradikalismus in der Weimarer Republik, in: ZfG 50. Jahrgang 2002, Heft 1, S. 20.

Am 20. September 1933 trat Höß in die SS ein. Er war zunächst im KZ Dachau und Sachsenhausen eingesetzt, bevor seine Versetzung als Lagerkommandant ins Konzentrationslager Auschwitz erfolgte. Höß wurde am 2. April 1947 in Warschau zum Tode verurteilt.

ersten Verbrennungen im Freien zeigte es sich, daß auf die Dauer dies nicht durchzuführen ist. Bei schlechtem Wetter oder starkem Wind trieb der Verbrennungsgeruch viele Kilometer weit und führte dazu, daß die ganze umwohnende Bevölkerung von den Juden-Verbrennungen sprach, trotz der Gegenpropaganda von seiten der Partei und den Verwaltungsdienststellen."[254]

Der Reichsführer-SS, Heinrich Himmler, hat verschiedentlich die Vernichtungsstätten aufgesucht. In seiner Posener Rede vor SS-Gruppenführern am 4. Oktober 1943 hat er das „Durchstehen" der Judenvernichtung als „Ruhmesblatt unserer Geschichte" bezeichnet: „Ich will hier vor Ihnen in aller Offenheit auch ein ganz schweres Kapitel erwähnen. Unter uns soll es einmal ganz offen ausgesprochen sein, und trotzdem werden wir in der Öffentlichkeit nie darüber reden. (...) Ich meine jetzt die Judenevakuierung, die Ausrottung des jüdischen Volkes. Es gehört zu den Dingen, die man leicht ausspricht [!]. – ‚Das jüdische Volk wird ausgerottet', sagt ein jeder Parteigenosse, ‚ganz klar, steht in unserem Programm, Ausschaltung der Juden, Ausrottung, machen wir.' Und dann kommen sie alle an, die braven 80 Millionen Deutschen, und jeder hat seinen anständigen Juden. Es ist ja klar, die anderen sind Schweine, aber dieser eine ist ein prima Jude. Von allen, die so reden, hat keiner zugesehen, keiner hat es durchgestanden. Von euch werden die meisten wissen, was es heißt, wenn 100 Leichen beisammenliegen, wenn 500 daliegen oder wenn 1000 daliegen. Dies durchgehalten zu haben und dabei – abgesehen von Ausnahmen menschlicher Schwächen – anständig geblieben zu sein, das hat uns hart gemacht. Dies ist ein niemals geschriebenes und niemals zu schreibendes Ruhmesblatt unserer Geschichte."[255]

In Auschwitz war man inzwischen zu effektiveren Formen der Massenvernichtung übergegangen, der industriemäßigen Tötung mithilfe des Blausäurepräparates Cyclon B. Dazu Rudolf Höß: „Die zur Vernichtung bestimmten Juden wurden (...) zu den Krematorien geführt. Im Auskleideraum wurde ihnen (...) gesagt, daß sie hier nun zum Baden und zur Entlausung kämen (...). Nach der Entkleidung gingen die Juden in die Gaskammer, die mit Brausen und Wasserleitungsröhren versehen, völlig den Eindruck eines Baderaumes machte. (...) Die Tür wurde nun schnell zugeschraubt und das Gas sofort durch die bereitstehenden Desinfektoren in die Einwurfluken durch die Decke der Gaskammer in einen Luftschacht bis zum Boden geworfen. Dies bewirkte die sofortige Entwicklung des Gases. Durch das Beobachtungsloch in der Tür konnte man sehen, daß die dem Einwurfschacht am nächsten Stehenden sofort tot umfielen. Man kann sagen, daß ungefähr ein Drittel sofort tot war. Die anderen fingen an zu taumeln, zu schreien und nach Luft zu ringen. Das Schreien ging aber bald in ein Röcheln über und in wenigen Minuten lagen alle. (...) Schreiende, Ältere, Kranke, Schwächliche und Kinder fielen schneller als die Ge-

---

254 *Rudolf Höß*, Kommandant in Auschwitz. Autobiographische Aufzeichnungen von Rudolf Höß. Hrsg. von *Martin Broszat*, Quellen und Darstellungen zur Zeitgeschichte, Band 5, Stuttgart 1958, S. 153 ff.

255 *Heinrich Himmler*, Posener Rede vor SS-Gruppenführern am 4. 10. 1943, zit. nach: *K. D. Bracher*, Die deutsche Diktatur, S. 459.

sunden und Jüngeren. Eine halbe Stunde nach dem Einwurf des Gases wurde die Tür geöffnet und die Entlüftungsanlage eingeschaltet. Es wurde sofort mit dem Herausziehen der Leichen begonnen. (...) Den Leichen wurden nun durch das Sonderkommando die Goldzähne entfernt und den Frauen die Haare abgeschnitten. Hiernach [wurden sie] durch den Aufzug nach oben gebracht vor die inzwischen angeheizten Öfen. Je nach Körperbeschaffenheit wurden bis zu drei Leichen in eine Ofenkammer gebracht. Auch die Dauer der Verbrennung war durch die Körperbeschaffenheit bedingt. Es dauerte im Durchschnitt 20 Minuten. Wie schon an früherer Stelle gesagt, konnten die Krematorien I und II innerhalb 24 Stunden ca. 2000 Leichen verbrennen, mehr war, ohne Schäden zu verursachen, nicht möglich. (...) Die Asche fiel während des ohne Unterbrechung fortgesetzten Verbrennens durch die Roste und wurde laufend entfernt und zerstampft. Das Aschenmehl wurde mittels Lastwagen nach der Weichsel gefahren und dort schaufelweise in die Strömung geworfen, wo es sofort abtrieb und sich auflöste."[256]

Seine monströse Tätigkeit beschrieb Höß mit den Worten: „Ich stellte damals keine Überlegungen an – ich hatte den Befehl bekommen – und hatte ihn durchzuführen. Ob diese Massenvernichtung der Juden notwendig war oder nicht, darüber konnte ich mir kein Urteil erlauben, soweit konnte ich nicht sehen. Wenn der Führer selbst die ‚Endlösung der Judenfrage' befohlen hatte, gab es für einen alten Nationalsozialisten keine Überlegungen, noch weniger für einen SS-Führer. ‚Führer befiehl, wir folgen' – war keinesfalls eine Phrase (...)."[257]

*

Die Nationalsozialisten hatten mit ihren ungeheuerlichen Verbrechen jede Brücke zur menschlichen Zivilisation abgebrochen. Bereits im November 1943 hatte Goebbels erklärt: „Was uns betrifft, so haben wir die Brücken hinter uns abgebrochen. Wir können nicht mehr, aber wir wollen auch nicht mehr zurück. Wir sind zum Letzten gezwungen und darum zum Letzten entschlossen", und etwas später: „Wir werden als die größten Staatsmänner aller Zeiten in die Geschichte eingehen, oder als ihre größten Verbrecher."[258] Goebbels schien sich über die Ungeheuerlichkeit der von den Nationalsozialisten begangenen Verbrechen bewusst gewesen zu sein. Im März 1942 wurde er Zeuge der Vernichtungsaktionen durch Vergasung und war offenbar über das Ausmaß des Verbrechens selber entsetzt. Auch wenn er dieses dann sofort als „notwendig" bezeichnete: „Aus dem Generalgouvernement werden jetzt, bei Lublin beginnend, die Juden nach dem Osten abgeschoben. Es wird hier ein barbarisches, nicht mehr zu beschreibendes Verfahren angewandt, und von den Juden selbst bleibt hier nicht mehr viel übrig (...). An den Juden wird ein Strafgericht vollzogen, das zwar barbarisch ist, das sie aber vollauf verdient haben. Die Prophezeiung, die der Führer ihnen für die Herbeiführung eines neuen Weltkrieges mit

---

[256] *Rudolf Höß*, Autobiographische Aufzeichnungen, S. 166 f.

[257] Ebd., S. 120.

[258] Zit. nach: *J. C. Fest*, Das Gesicht des Dritten Reiches, S. 137.

auf den Weg gegeben hat, beginnt sich in der fürchterlichsten Weise zu verwirklichen. Man darf in diesen Dingen keine Sentimentalität obwalten lassen (...). Es ist ein Kampf auf Leben und Tod zwischen der arischen Rasse und dem jüdischen Bazillus. Keine andere Regierung, kein anderes Regime könnte die Kraft aufbringen, diese Frage generell zu lösen. Auch hier ist der Führer der unentwegte Vorkämpfer und Wortführer einer radikalen Lösung."[259]

Mit dem Naziregime konnte es keinen Separatfrieden geben, Ziel konnte nur die bedingungslose Kapitulation Nazideutschlands sein. Auch in den USA war die öffentliche Meinung wegen der kirchenfeindlichen Maßnahmen und der antijüdischen Ausschreitungen mittlerweile umgeschlagen. Nach dem Progrom vom 9./10. November 1938 wurde der amerikanische Botschafter abberufen; er kehrte nicht mehr auf seinen Posten zurück. Unter dem Eindruck der barbarischen Judenverfolgungen sahen große Teile der amerikanischen Öffentlichkeit das Naziregime als eine Bedrohung für die gesamte menschliche Zivilisation an und übten Druck auf Kongress und Regierung aus, die Neutralitätspolitik aufzugeben. Die deutsche Kriegserklärung vom 11. Dezember 1941 sorgte dann endgültig für einen Stimmungsumschwung und ermöglichte es Franklin Roosevelt, direkt an der Seite Großbritanniens und der Sowjetunion in den Krieg zu ziehen. Auf der Konferenz von Casablanca im Januar 1943 setzte er dann gegen Bedenken Sir Winston Churchills die Forderung nach der bedingungslosen Kapitulation des Deutschen Reiches durch.

Das Regime versuchte noch mit einem „letzten Aufgebot" die drohende Niederlage abzuwenden. Mit dem Erlass vom 25. Juli 1944 zur „totalen Mobilmachung" wurden weitere Teile der Bevölkerung zur Arbeit in der Rüstungsindustrie verpflichtet. Die Arbeitszeit sollte auf 60 Wochenstunden und wenn möglich auf 72 Stunden ausgedehnt werden. Hunderttausende Jugendliche mussten ihre Ausbildung an Fach- und Hochschulen unterbrechen und für den Einsatz in der Rüstungsindustrie zur Verfügung stehen.[260]

Gravierende Folgen hatte auch der von Hitler am 25. September 1944 erfolgte Erlass zur Bildung des Volkssturms. Darin verpflichtete der „Führer" alle waffenfähigen Männer zwischen 16 und 60 Jahren im Volkssturm Dienst zu leisten.[261] Betroffen waren alle Jugendlichen ab 16 Jahren, die bisher keinen Militärdienst geleistet hatten. Vorgesehen war eine sechswöchige Ausbildung der Sechzehnjährigen in Wehrertüchtigungslagern der HJ, gleichzeitig wurden erstmalig Jugendliche im Alter von 15 Jahren zu einer vierwöchigen Ausbildung verpflichtet.

---

[259] Zit. nach: *H.-U. Thamer*, Verführung und Gewalt, S. 762.

[260] Vgl. *Karl Heinz Jahnke*, Hitlers letztes Aufgebot. Deutsche Jugend im sechsten Kriegsjahr 1944/45, Essen 1993, S. 15.

[261] Vgl. ebd., S. 16. Am 18. Oktober 1944 sprach Heinrich Himmler in Bartenstein in Ostpreußen zu Angehörigen dieser neu aufgestellten Volkssturmeinheiten über deren Aufgaben: „Unsere Gegner müssen begreifen lernen, jeder Kilometer, den sie in unser Land vordringen wollen, wird Ströme ihres Blutes kosten. Jeder Häuserblock einer Stadt, jedes Dorf, jedes Geschäft, jeder Graben, jeder Busch, jeder Wald wird von Männern, Knaben, Greisen und wenn es sein muß, von Frauen und Mädchen verteidigt." Ebd.

Mindestens 300.000 neue Soldaten und Unterführer des Jahrgangs 1928 sollten für Wehrmacht und Waffen-SS gewonnen werden. Zugleich wurde versucht, Mädchen im Alter von 17 bis 21 Jahren als SS-Helferinnen zu gewinnen.

Jugendliche hatten wesentlichen Anteil, dass das Hitlerregime den Krieg bis zum Frühjahr 1945 mit seinen verheerenden Folgen weiter führen konnte. Viele von ihnen kämpften mit hoher Einsatzbereitschaft. Die jahrelange nationalsozialistische Erziehung zeigte ihre Wirkung. In den letzten zwei Jahren hatte das Regime noch einmal seine Propaganda intensiviert und da vor allem – wie dies auch in den beiden letzten Aufsätzen zum Ausdruck kommt – versucht, die Bolschewistenfurcht zu entfachen[262] und sich als Vorkämpfer der abendländischen Kultur aufzuspielen – angesichts der Judenmorde eine groteske Anmaßung.

1944/45 erreichte der bewaffnete Kriegseinsatz Jugendlicher seinen Höhepunkt. Aus den Reihen der 17- bis 25-Jährigen waren über zwei Millionen junge Männer im Militärdienst bei Wehrmacht und Waffen-SS erfasst.[263] Die Verluste waren gravierend. „Durch den Zweiten Weltkrieg haben über eineinhalb Millionen männliche Angehörige der Jahrgänge 1920 bis 1929 ihr Leben verloren. Wie viele davon im letzten Kriegsjahr gefallen sind, wo die Verluste besonders groß waren, ist bisher unbekannt. Von den größtenteils 1944/45 einberufenen 15- bis 17jährigen Jungen der Jahrgänge 1927 bis 1929 sind fast sechzigtausend umgekommen."[264] Das NS-Regime war bereit, skrupellos eine ganze junge Generation für die Verlängerung seiner Gewaltherrschaft zu opfern, an eine Wende im Krieg war natürlich auch mit „Hitlers letztem Aufgebot" nicht mehr zu denken. Im Mai 1945 musste das Nazi-Regime kapitulieren – dies war auch für das deutsche Volk die Befreiung von der nationalsozialistischen Terrorherrschaft, für nicht wenige im wahrsten Sinne des Wortes: sie wurden als Insassen aus den Konzentrationslagern befreit.

Am 30. April 1945 nahm Hitler sich das Leben, er konnte für seine Verbrechen nicht mehr zur Verantwortung gezogen werden. Am 1. Mai meldete der Rundfunk, „daß unser Führer Adolf Hitler heute Nachmittag in seinem Befehlsstand in der Reichskanzlei, bis zum letzten Atemzug gegen den Bolschewismus kämpfend, für Deutschland gefallen ist."[265] Vom „Heldentod" war die Rede in einer anschließend verlesenen Proklamation an das deutsche Volk – das Regime verabschiedete sich mit einer letzten Lüge. Kurz vor seinem Selbstmord verfasste Hitler sein Testament. Darin betonte er, verbohrt und unmenschlich bis zum Schluss: „Vor allem verpflichte

---

[262] Am 21. Juni 1944, am Vorabend des dritten Jahrestages des deutschen Überfalls auf die Sowjetunion, fand in der Marienburg in Ostpreußen eine zentrale Sonnenwendfeier der HJ statt, an der auch zahlreiche Naziführer und hohe Offiziere teilnahmen. Zu dieser Veranstaltung hieß es: „Europa in seiner Gesamtheit hat durch den Verlauf des Krieges mit der Sowjetunion längst die Gefahr erkannt, die nicht nur Deutschland, sondern dem ganzen europäischen Kontinent aus dem Osten her droht. So steht denn das nationalbewusste Europa seit langem in einer Front mit Deutschland und kämpft Seite an Seite mit ihm für die Erhaltung der europäischen Kultur."

[263] Vgl. ebd., S. 33.

[264] Ebd., S. 35.

[265] Zit. nach: *H.-U. Thamer*, Verführung und Gewalt, S. 766.

ich die Führung der Nation und die Gefolgschaft zur peinlichen Einhaltung der Rassengesetze und zum unbarmherzigen Widerstand gegen den Weltvergifter aller Völker, das internationale Judentum."[266]

[266] Zit. nach: *Joachim Fest*, Hitler, Frankfurt a. M./Berlin 1973, S. 1224.

III. Schlussbetrachtung

Die Abituraufsätze vermitteln einen eindrucksvollen Einblick in die Gedankenwelt von Abiturienten und Pädagogen in der Zeit des Dritten Reiches. Dabei ist auffällig, in welch starkem Maße gerade die Pädagogen sich in den Dienst der neuen Zeit gestellt haben. Von einer kritischen Distanz gegenüber der NS-Ideologie ist so gut wie nichts zu spüren. Lediglich in der zweiten Bewertung des ersten Aufsatzes wird so etwas wie eine kritische Stellungnahme sichtbar. Dieser Aufsatz ist besonders aggressiv und agitatorisch formuliert und der Zweitgutachter bemängelte, „daß hier viele große Redensarten, die man ja aber jetzt überall hört, gebraucht werden". Doch dann wird gerügt, dass die ‚Leistungen' Hitlers zu kurz kommen und das ‚Führerprinzip' fehle. Taktik? Schwer zu sagen. Der Erstgutachter jedenfalls konstatiert, die Darstellung sei „von einem großen inneren Schwung getragen: In jeder Zeile spürt man freudig erlebte Geschichte".

Insgesamt ist der Eindruck, dass die Übernahme der NS-Ideologie seitens der Lehrkräfte nicht erzwungenermaßen, sondern weitgehend freiwillig erfolgte. Natürlich ist dies im Einzelfall nicht leicht zu beurteilen und es ist überhaupt die Frage, inwieweit eine kritische Distanz zur NS-Politik möglich war. Ein Vergleich mit anderen Schulen wäre da sicherlich aufschlussreich. Doch hier haben sich die Lehrkräfte ganz offenkundig freiwillig und freudig in den Dienst der neuen Zeit gestellt, obwohl die meisten gar nicht Mitglied der NSDAP waren. Doch wie sie gedacht haben, dies hat der Schuldirektor Sommer in seiner Festrede zum 50-jährigen Bestehen des Gymnasiums zum Ausdruck gebracht. So oder ähnlich werden die meisten Pädagogen gedacht haben. Sommer begrüßte die neue Zeit, denn Deutschland sei nun „erwacht und geeint". Das deutsche Reich sei „wieder auf dem Wege zu neuer Macht und Größe". Die Unterlagen des Heese-Gymnasiums beleuchten beispielhaft, wie damals in konservativen Kreisen gedacht wurde und welche Hoffnungen diese Kreise zunächst mit Adolf Hitler verbanden.

Die Schulgeschichte ist ein Spiegelbild der Zeitgeschichte. Die Aufsätze sind in starkem Maße politisiert, alle wesentlichen Themen des Dritten Reiches werden in ihnen angesprochen. Zugleich beleuchten sie besonders eindrucksvoll, wie die Propaganda im Dritten Reich angelegt war und wie sie gewirkt hat. Auch hier ist ganz überwiegend der Eindruck, dass die Zustimmung der Abiturienten zu dem Regime echt war.

Zentrales Thema aller Aufsätze ist der Krieg. Immer wieder ist in den Aufsätzen vom Sterben die Rede. „Auch auf unser Leben dürfen wir keinerlei Rücksicht nehmen", heißt es in einem Aufsatz, „so lange Menschen denken, war es höchstes Glück eines jeden, für sein Vaterland zu sterben". In einem anderen Aufsatz wird ausgeführt: „Wir sind bereit zu sterben, damit unser Deutschland lebt." Letzten Endes sei es gleich, „ob ich in Zivil oder in Uniform sterbe". Die „Erziehung zum Sterben", die Bereitschaft, das eigene Leben für das vermeintlich „hohe Ziel" zu opfern, war ein grundlegendes Erziehungsziel. Ziel war die völlige Selbstaufgabe der eigenen Person. So heißt es denn auch in einem Aufsatz: „Ausschaltung und völlige Indienststellung der eigenen Person ist daher das Hauptziel der Erziehung." In einem anderen Aufsatz wird betont, der Mensch „hängt am Leben und liebt es; er sieht in ihm nicht selten gar den Inbegriff aller Glückseligkeit, wiewohl es ja eigentlich ‚Der Güter höchstes nicht' sein sollte. Er ist eben nicht imstande, allen an ihn gestellten sittlichen Forderungen zu genügen". Die „Erziehung zum Tod" war Teil der Kriegsvorbereitung. Die Abituraufsätze sind eindrucksvolle Dokumente dieser Erziehungsarbeit.

Die „Erziehung zur Härte" war ein weiteres Erziehungsziel. Während alle Weltreligionen und die meisten philosophischen und politischen Anschauungen Werte wie Barmherzigkeit, Nächstenliebe, Mitgefühl hervorheben und deren Respektierung als menschlichen Fortschritt ansehen, propagiert der Nationalsozialismus den erbarmungslosen Daseinskampf. „Der Kampf ist der Vater aller Dinge", hatte Hitler ausgeführt. „Nicht durch die Prinzipien der Humanität lebt der Mensch (...), sondern einzig und allein durch die Mittel brutalsten Kampfes." Humanität bezeichnete Hitler als ein Gemisch von Dummheit und Feigheit. Diese Gedankenwelt sollte dem Schüler nahegebracht werden. Im Krieg sind Werte wie Brüderlichkeit und Barmherzigkeit nicht gefragt. Wer bereit ist, das eigene Leben „zu opfern", der muss auch bereit sein, andere zu töten.

In den Aufsätzen wird der Krieg als unvermeidlich dargestellt. „Natur ist Kampf. Kampf wird durch Sieg beendet", heißt es in einem Aufsatz. Zugleich wird hervorgehoben: „Der stärkste Born ist unser Führer". „Jede Aufgabe und Arbeit, die er sich vorgenommen, führte er zum Erfolg (...). Wenn wir sagen: was der Führer macht, ist recht, so ist das ein Zeichen unseres Glaubens an ihn."

Der „Führer" hatte mit dem deutschen Volk viel vorgehabt. Er hatte – so wird in einem Aufsatz ausgeführt – „schon längst erkannt, daß er seine gewaltigen Zukunftspläne nur verwirklichen kann, wenn er sich auf ein Volk, das einen einzigen Willen, nämlich seinen eigenen, hat, stützen kann". Seine Zukunftspläne hatte Hitler keineswegs verschwiegen. Sie gingen weit über das hinaus, was sonst in deutschnationalen oder völkischen Kreisen gedacht wurde.

Es ist schon erstaunlich, in welchem Ausmaß in einem humanistischen deutschen Gymnasium die NS-Ideologie übernommen wurde. Oft stimmen die Aussagen in den Abituraufsätzen mit den Ausführungen in Hitlers „Mein Kampf" überein. Das nationalsozialistische Deutschland konnte an die deutschnationalen Traditionen anknüpfen, die an vielen konservativen Bildungseinrichtungen gepflegt wurden. Das Heese-Gymnasium ist hier nur ein anschauliches Beispiel. „Deutschland muß wieder zu Macht und Ehre kommen", heißt es in einem Aufsatz. Dies war auch der gemeinsame Nenner, auf dem sich Deutschnationale und Nationalsozialisten trafen.

Der Schuldirektor Fritz Sommer und andere Pädagogen des Heese-Gymnasiums sind typische Vertreter für jene bürgerlich-konservativen Schichten, die in Adolf Hitler einen Verbündeten im Kampf gegen Versailles und im Kampf gegen den Marxismus sahen, nicht ahnend, dass sie sich damit mit einem viel schlimmeren Feind verbündeten. Hitler versprach, mit dem Marxismus in Deutschland „aufzuräumen". Dies verschaffte ihm Sympathien in bürgerlich-konservativen Kreisen. Der Marxismus war aber für diese Kreise niemals eine ernsthafte Bedrohung, Hitler und seine Bewegung aber sehr wohl. Und Hitler hatte nicht lediglich die Revision von Versailles zum Ziel, sondern seinem Willen entsprechend sollten die Deutschen „die Herren dieser Welt" werden. „Deutschland wird entweder Weltmacht oder überhaupt nicht sein" – dies war die Devise für sein Handeln. Dies schloss die Versklavung anderer Völker ebenso ein wie die Ausrottung ganzer Bevölkerungsgruppen – ein durch und durch verbrecherisches Programm. Dieses Programm hatte Hitler ganz offen in „Mein Kampf" dargelegt. Jeder hätte es wissen können. Aber „Mein Kampf" hatte kaum einer gelesen, und die es gelesen hatten, haben es meist nicht ernst genommen, liest sich doch das Buch über weite Strecken wie die Kriegs- und Allmachtsphantasien eines überspannten Sonderlings. Kaum jemand hat es für möglich gehalten, dass einer so „verrückt" sein könnte, dieses Programm in die Tat umzusetzen. Doch es gab genügend Hinweise, dass die NSDAP militant-antisemitisch war und außenpolitisch auf einen Eroberungskrieg hinsteuerte. Ohne die konservativen Bündnispartner hätte Hitler weder zur Macht kommen noch sein Programm in die Tat umsetzen können, auch wenn sicherlich viele von ihnen sich über die Konsequenzen nicht im Klaren waren. Aber nationale Überheblichkeit und mangelnde Verständigungsbereitschaft trugen dazu bei, dass Hitlers Bewegung sich entwicklen konnte.

Quellen- und Literaturverzeichnis

Archivquellen

Bundesarchiv [BArch]
Außenstelle Hoppegarten, ZA I 11979 A.
ZA I 11979 A.3

Landesarchiv Berlin [LA Berlin]
B Rep. 058 Nr. 14093 bis 15000
Strafsache gegen Kurt Gildisch wegen der Ermordung Dr. Erich Klauseners im Zuge des sogenannten Röhm-Putsches

Literatur bis 1945

Bouhler, Philipp: Kampf um Deutschland, München 1938.

Dinter, Artur: Lichtstrahlen aus dem Talmund, Berlin 1919.

– Sünde wider das Blut, Leipzig 1919.

von Engelbrechten, Julek Karl / *Volz*, Karl: Wir wandern durch das nationalsozialistische Berlin. Ein Führer durch die Gedenkstätten des Kampfes um die Reichshauptstadt, München 1937.

Frymann, Daniel (Heinrich *Claß*). Wenn ich Kaiser wär' – Politische Wahrheiten und Notwendigkeiten, Leipzig 1925.

Goebbels, Joseph: Wesen und Gestalt des Nationalsozialismus, Berlin 1934.

Göring, Hermann: Aufbau einer Nation, Berlin 1934.

Hitler, Adolf: Mein Kampf. Zwei Bände in einem Band. Ungekürzte Ausgabe. 58. Auflage. München 1933.

Dr. Sommer, Fritz: Geschichte des Gymnasiums 1911/1936, in: Festschrift zur Feier des 50jährigen Bestehens des Gymnasiums zu Berlin-Steglitz 1886/1936. Berlin 1936.

Literatur nach 1945

Adam, Uwe Dietrich: Judenpolitik im Dritten Reich, Düsseldorf 2003.

Aleff, Eberhard: Mobilmachung, in: Aleff, Eberhard, Das Dritte Reich, Hannover 1970.

Bennecke, Heinrich: Hitler und die SA, München 1962.

Benz, Wolfgang: Die 101 wichtigsten Fragen. Das Dritte Reich, 2. Auflage. München 2008.

Bracher, Karl Dietrich: Die Deutsche Diktatur, Köln 1969.

Broszat, Martin: Nationalsozialistische Konzentrationslager 1933–1945, in: Anatomie des SS-Staates, Bd. 2, Freiburg 1965.

– Nationalsozialistische Polenpolitik 1939–1945, Stuttgart 1961.

Deuerlein, Ernst: Der Aufstieg der NSDAP 1919–1933 in Augenzeugenberichten, Düsseldorf 1968.

Diels, Rudolf: Lucifer ante portas, ... es spricht der erste Chef der Gestapo ..., Stuttgart 1950.

Drage, Charles: Als Hitler nach Canossa ging: Biografie des Walther Stennes, Berlin 1982.

Fest, Joachim C.: Das Gesicht des Dritten Reiches, München 1963.

– Hitler, Frankfurt a. M./Berlin 1973.

Fischer, Fritz: Griff nach der Weltmacht. Die Kriegszielpolitik des kaiserlichen Deutschlands 1914/1918, Düsseldorf 1961.

– Krieg der Illusionen. Die deutsche Politik von 1911 bis 1914, Düsseldorf 1969.

Groener-Geyer, Dorothea: General Groener. Soldat und Staatsmann, Frankfurt a. M. 1954.

Hillgruber, Andreas: Deutschlands Rolle in der Vorgeschichte der beiden Weltkriege, Göttingen 1967.

Hitler, Adolf: Zweites Buch (1928), hrsg. von Weinberg, Gerhard L., Stuttgart 1961.

[–] Picker, Henry: Hitlers Tischgespräche im Führerhauptquartier 1941/42, hrsg. von P. E. Schramm, 2. Auflage, Stuttgart 1965.

Höhne, Heinz: Mordsache Röhm. Hitlers Durchbruch zur Alleinherrschaft 1933–1934, Hamburg 1984.

Höß, Rudolf: Kommandant in Auschwitz. Autobiographische Aufzeichnung von Rudolf Höß. Hrsg. von Martin Broszat, Quellen und Darstellung zur Zeitgeschichte, Band 5, Stuttgart 1958.

Hofer, Walther: Der Nationalsozialismus – Dokumente 1933–1945, Frankfurt a. M. 1957.

– Die Diktatur Hitlers. Bis zum Beginn des Zweiten Weltkrieges, Konstanz 1960.

– Die Entfesselung des Zweiten Weltkrieges. Darstellungen und Dokumente, Düsseldorf 1984.

Jahnke, Karl Heinz: Hitlers letztes Aufgebot. Deutsche Jugend im sechsten Kriegsjahr 1944/45, Essen 1993.

Kern, Michael: Zwangsarbeit während der Nazi-Zeit in der Medizin am Beispiel Göttingen. www.egmed.uni-goettingen.de/Geschichte/Nszeit II.html.

Kershaw, Ian: Hitler 1936–1945, Stuttgart 2000.

Kessler, Harry Graf: Das Tagebuch. 1880–1937, Bd. 9, Stuttgart 2004.

Kissenkötter, Udo: Gregor Straßer und die NSDAP, Stuttgart 1978.

Klönne, Arno: Jugend im Dritten Reich, Lizenzausgabe München 1995.

von Kotze, Hildegard/*Krausnick*, Helmut (Hg.): Es spricht der Führer, Gütersloh 1966.

Krausnick, Helmut: Hitlers Einsatzgruppen: Die Truppe des Weltanschauungskrieges 1938–1942, Frankfurt a. M. 1985.

– Judenverfolgung, in: Anatomie des SS-Staates, Bd. II, Freiburg 1965.

Kruppa, Bernd: Rechtsradikalismus in Berlin 1918–1928, Berlin/New York 1988.

Lohalm, Uwe: Völkischer Radikalismus. Die Geschichte des Deutschvölkischen Schutz- und Trutz-Bundes 1919–1923, Hamburg 1970.

Longerich, Peter: Die braunen Bataillone. Geschichte der SA, München 1989.

Machtan, Lothar: Der Kaisersohn bei Hitler, Hamburg 2006.

Marienfeld, Wolfgang: Konferenzen über Deutschland, Teil I (1941–1944), Hannover 1962.

Noll, Peter: Schulen im Nationalsozialismus. Ein Überblick über die Gymnasien in Berlin Steglitz-Zehlendorf, Berlin 2007.

Nolte, Paul: 1936–50 Jahre Gymnasium Steglitz, in: Steglitz im Dritten Reich, Berlin 1992.

Poliakov, Léon/*Wulf,* Joseph: Das Dritte Reich und die Juden, Frankfurt/Main, Berlin, Wien 1983.

Rossbach, Gerhard: Mein Weg durch die Zeit. Erinnerungen und Bekenntnisse, Weilburg/Lahn 1950.

Sandvoß, Hans-Rainer: Widerstand in Steglitz und Zehlendorf, Berlin 1985.

Sauer, Bernhard: Freikorps und Antisemitismus in der Frühzeit der Weimarer Republik, in: Zeitschrift für Geschichtswissenschaft (ZfG), 56. Jahrgang 2008, Heft 1.

– Gerhard Rossbach – Hitlers Vertreter für Berlin. Zur Frühgeschichte des Rechtsradikalismus in der Weimarer Republik, in: ZfG, 50. Jahrgang 2002, Heft 1.

– Goebbels' „Rabauken". Zur Geschichte der SA in Berlin-Brandenburg, in: Berlin in Geschichte und Gegenwart, 25. Jahrbuch des Landesarchivs Berlin 2006.

– Vom „Mythos eines ewigen Soldatentums." Der Feldzug deutscher Freikorps im Baltikum im Jahre 1919, in: ZfG, 43. Jahrgang 1995, Heft 10.

Schmid, Heinz Dieter: Fragen an die Geschichte. Geschichtliches Arbeitsbuch für Sekundarstufe I, Band 4.

Schönbrunn, Günter: Weltkriege und Revolutionen 1914–1945, Geschichte in Quellen, Bd. V, München 1961.

Schuster, Martin: Die SA in der nationalsozialistischen Machtergreifung in Berlin und Brandenburg 1926–1934, Berlin 2005.

Seraphim, Hans-Günther (Hg.): Das politische Tagebuch Alfred Rosenbergs. 1934/35 und 1939/40. Dokumentation. München 1964.

Thamer, Hans-Ulrich: Verführung und Gewalt. Deutschland 1933–1945. Band 3 der 4-bändigen Sonderausgabe „Siedler, Deutsche Geschichte", München 2004.

Tormin, Walter: Die Machtergreifung, in: Aleff, Eberhard: Das Dritte Reich, Hannover 1970.

Weltgeschichte im Aufriß, Band 3, Teil 1. Vom Ersten Weltkrieg bis 1945. Von *Werner Ripper* in Verbindung mit *Eugen Kaiser,* Frankfurt a. M./Berlin/ München 1976.

Wildt, Michael: Generation des Unbedingten. Das Führungskorps des Reichssicherheitshauptamtes, Hamburg 2002.

Wistrich, Robert: Wer war wer im Dritten Reich, München 1983.

Wulf, Josef: Das Dritte Reich und seine Vollstrecker, Berlin 1961.

Zipfel, Friedrich: Krieg und Zusammenbruch, in: Aleff, Eberhard: Das Dritte Reich, Hannover 1970.

Zeitungen und Zeitschriften

Der Angriff vom 30.04.1928.

Der Angriff vom 30.07.1928.

Der Stürmer, „Der Jude Singer schändet in Wien dreißig deutsche Kinder", Nr. 6, 1933.

Der Spiegel, „Ein Menschenleben gilt für nix", Nr. 43, 41. Jahrgang vom 19.10.1987, S. 112 ff.

Frankfurter Allgemeine Zeitung vom 11.09.2010.

Personenregister

Adolf Hitler, der fast auf jeder Seite erwähnt wird, wird im Personenregister nicht extra aufgeführt.

Zeitgeschichtliche Forschungen

20 Tullia Santin: **Der Holocaust in den Zeugnissen griechischer Jüdinnen und Juden.** Abb., 1 Faltkarte; 211 S. 2003 ⟨978-3-428-10722-3⟩ € 18,80

21 Gerhard Besier / Clemens Vollnhals (Hrsg.): **Repression und Selbstbehauptung.** Die Zeugen Jehovas unter der NS- und der SED-Diktatur. Abb.; X, 421 S. 2003 ⟨978-3-428-10605-9⟩ € 26,80

22 Frank Ebbinghaus: **Ausnutzung und Verdrängung.** Steuerungsprobleme der SED-Mittelstandspolitik 1955 – 1972. 366 S. 2003 ⟨978-3-428-10866-4⟩ € 48,–

23 Klaus Jochen Arnold: **Die Wehrmacht und die Besatzungspolitik in den besetzten Gebieten der Sowjetunion.** Kriegführung und Radikalisierung im „Unternehmen Barbarossa". Abb.; 579 S. 2005 ⟨978-3-428-11302-6⟩ € 48,80

24 Franz Huberth (Hrsg.): **Die DDR im Spiegel ihrer Literatur.** Beiträge zu einer historischen Betrachtung der DDR-Literatur. 178 S. 2005 ⟨978-3-428-11592-1⟩ € 36,–

25 Günter Neliba: **Staatssekretäre des NS-Regimes.** Ausgewählte Aufsätze. V, 99 S. 2005 ⟨978-3-428-11846-5⟩ € 24,–

26 Niels Beckenbach (Hrsg.): **Wege zur Bürgergesellschaft.** Gewalt und Zivilisation in Deutschland Mitte des 20. Jahrhunderts. 310 S. 2005 ⟨978-3-428-11977-6⟩ € 34,–

27 Günter Neliba: **Kriegstagebuch des Flakregiments 155 (W) 1943 – 1945.** Flugbombe V1. 8 Bildtafeln; 106 S. 2006 ⟨978-3-428-11925-7⟩ € 24,–

28 Hannibal Velliadis: **Metaxas – Hitler.** Griechisch-deutsche Beziehungen während der Metaxas-Diktatur 1936 – 1941. 6 Bildtafeln; 265 S. 2006 ⟨978-3-428-11866-3⟩ € 38,–

29 Irene Strenge: **Kurt von Schleicher.** Politik im Reichswehrministerium am Ende der Weimarer Republik. 242 S. 2006 ⟨978-3-428-12112-0⟩ € 32,–

30 Gerhard Barkleit: **Manfred von Ardenne.** Selbstverwirklichung im Jahrhundert der Diktaturen. 2., überarb. Aufl.; Frontispiz, Abb.; 396 S. 2006 ⟨978-3-428-12790-0⟩ € 38,–

31 Simon Ertz: **Zwangsarbeit im stalinistischen Lagersystem.** Eine Untersuchung der Methoden, Strategien und Ziele ihrer Ausnutzung am Beispiel Norilsk, 1935 – 1953. Tab., Abb., 1 Ausschlagtafel; 273 S. 2006 ⟨978-3-428-11863-2⟩ € 48,–

32 Barbara Koehn: **Der deutsche Widerstand gegen Hitler.** Eine Würdigung. Aus dem Französischen übersetzt von Barbara Koehn. 368 S. 2007 ⟨978-3-428-12459-6⟩ € 28,–

33 Niels Beckenbach (Hrsg.): **Fremde Brüder.** Der schwierige Weg zur deutschen Einheit. 206 S. 2008 ⟨978-3-428-12727-6⟩ € 34,–